谨以本书献给我敬爱的父母亲和所有深爱我的师长亲友！

本书受到湖北省高等学校哲学社会科学研究重大项目“全媒体时代高校思政课教师政治素质提升研究”（项目编号20ZD048）的资助

高校思政课教师
政治素质提升研究

彭颜红　著

长江出版传媒
湖北人民出版社

图书在版编目(CIP)数据

高校思政课教师政治素质提升研究 / 彭颜红著. -- 武汉：湖北人民出版社, 2025. 8. -- ISBN 978-7-216-11140-9

Ⅰ. G641；G645.12

中国国家版本馆CIP数据核字第20256XT677号

责任编辑：丁　琦
封面设计：董　昀
责任校对：范承勇
责任印制：杨　锁

高校思政课教师政治素质提升研究
GAOXIAO SIZHENGKE JIAOSHI ZHENGZHI SUZHI TISHENG YANJIU

出版发行：	湖北人民出版社	**地址：**	武汉市雄楚大道268号
印刷：	武汉邮科印务有限公司	**邮编：**	430070
开本：	787毫米×1092毫米 1/16	**印张：**	14.5
字数：	216千字	**插页：**	3
版次：	2025年8月第1版	**印次：**	2025年8月第1次印刷
书号：	ISBN 978-7-216-11140-9	**定价：**	68.00元

本社网址：http://www.hbpp.com.cn
本社旗舰店：http://hbrmcbs.tmall.com
读者服务部电话：027-87679656
投诉举报电话：027-87679757

序

韩庆祥

习近平总书记在学校思想政治理论课教师座谈会上对广大思想政治理论课教师提出“政治要强”的根本要求。思想政治理论课简称“思政课”，对于这门课程第一位的要求就是“政治要强”。思政课课程具有鲜明的意识形态属性，思政课课程的第一属性就是政治性，这是思政课有别于学校教育其他课程的最突出的特点。

高校思政课是对大学生进行思想政治教育、传播社会正能量的主要渠道，高校思政课教师是指导青年学生在漫漫人生道路上坚持正确政治方向的引路人，具备过硬的政治素质是高校思政课教师开展教育教学活动的有效性得以充分保障的根本前提。高校思政课教师担负着用马克思主义理论武装大学生头脑以及引导大学生树立正确的世界观、人生观、价值观的光荣使命和重要任务。高校思政课教师的政治素质直接关系到未来人才的质量，必须高度重视高校思想政治理论课教师政治素质的提升。

习近平总书记一直对于思政课教师寄予厚望，多次就学校思想政治理论课教育教学和思想政治理论课教师的素质发表过重要讲话。习近平总书记指出，办好思想政治理论课的关键在教师。他还强调，思政课教师“要有家国情怀、传道情怀、仁爱情怀”。习近平总书记的亲自关怀充分体现了党中央对学校思想政治理论课的高度重视和对广大学校思想政治理论课教师的殷切期望。思政课教师必须坚守政治性，必须与党中央保持高度一致，必须以深厚的家国情怀全身心地投入到伟大的教育事业中，必须努力践行立德树人的历史使命。

因此，高校思政课教师的首要素质是政治素质，高校思政课教师的关键能力也应该是政治能力。加强高校思政课教师队伍建设，必须首先提升高校思政课教师的政治素质，必须积极引导高校思政课教师为神圣的育人工程奉献自己所有的智慧和热情。思政课教师要深刻领悟社会主义教育的政治属性，要积极传播先进思想，要用高尚的人格影响学生，鼓舞广大青年学生树立远大的共产主义理想。

彭颜红教授的这本专著正是回应了时代之需，对相关理论研究和教育教学实践中高校思政课教师政治素质的提升这一重要课题做出了重要贡献。该书对于智媒时代高校思政课教师政治素质提升的相关问题进行了深入探讨和充分研究。专著以马克思主义理论和习近平新时代中国特色社会主义思想为指导，紧密结合智媒时代的重要特征，以智媒时代高校思政课教师的政治素质为研究对象，系统梳理了高校思政课教师政治素质的发展历程，考察了现时代高校思政课教师政治素质的现状，深入分析了当今高校思政课教师政治素质有待提升之处，提出了高校思政课教师政治素质养成的路径。

该书是我国较早专门研究高校思政课教师政治素质提升的学术专著，具有重要的学术价值和应用价值。该书在学术思想、学术观点和研究方法等方面有诸多创新之点。

这本专著具有如下特点：

第一，讲政治。为贯彻习近平总书记的相关重要讲话精神，把高校思政课教师政治素质提升这一重要课题融入智媒时代背景开展充分研究，深入发掘了有效提升新时代高校思政课教师政治素质的新路径，拓展了哲学、思想政治教育学、政治学、教育学、伦理学、心理学、新闻学与传播学等相关学科的研究视野。本项研究成果是这些学科在智媒时代视域下跨学科研究产生的新成果,这一成果也是对习近平总书记关于党的政治建设和高校思政课教师政治素质有关重要论述的研究,有助于推进马克思主义理论、思想政治教育学、政治学、教育学和传播学等相关理论研究。不仅如此,本书还特别强调了高校思政课课程的政治属性,从政治意识和政治能力两方面,详细阐述了高校思政课教师政治素质的具体要求。本书认为,政治意识包括政治信仰、政治立场、政治热情、政治敏锐、风险意识、政治纪律、政治品格等,政治能力包括深厚的马克思主义理论功底、熟练的信息处理能力、高尚的人格魅力、灵活的斗争艺术等。

第二,突出学理性。本书从学理上创造性地研究了高校思政课教师政治素质的发展历程,紧密结合当时的时代背景和党的领导人对思政课的重视,系统研究了各个历史时期高校思政课教师政治素质的特点,梳理了高校思政课在不同历史时期的课程设置,总结了这一特殊教师群体不同代际的授课特色和教学方法,具有重要的史料价值。

第三,强调大众性。本书文字通达,可读性强,论述深入浅出、通俗易懂,便于学校思政课教师有效参考,也较容易被广大青年学生理解和把握。

第四,具有问题意识。本书紧密结合智媒时代特色,针对新时代高校思政课教师政治素质方面所存在的问题,提出有效提升新时代高校思政课教师政治素质的新路径。方法取决于问题的本性。针对深入挖掘出的问题,本书综合运用文献研究法、调查研究法、比较研究与归纳总结法、例证法、个别访谈法、定性定量分析法等多种方法开展专题研究,创新性地提出了高校思政课教师政治素质提升的运转机制、实践模式、实施方案及评估体系、传播载体等。

智媒时代为高校思政课教师带来了新挑战和新机遇,对于智媒时代高校思政课教师政治素质的研究很有必要,本书的成功出版值得庆贺。令我欣慰的是,彭颜红教授学术人生中的第一本专著《大众传媒道德失范治理研究》,已荣获第十二届湖北省社会科学优秀成果奖!我也希望本书能得到大家更多的关注和支持。同时,祝愿彭颜红教授能在这美好的新时代取得更加丰硕的研究成果,为伟大的教育事业做出更大的贡献。

2025年6月6日

[作者系中共中央党校(国家行政学院)一级教授]

目 录

绪 论

一、选题缘起

2019年3月18日，习近平总书记在学校思想政治理论课教师座谈会上指出，“办好思想政治理论课关键在教师”，“思政课教师，要给学生心灵埋下真善美的种子，引导学生扣好人生第一粒扣子。第一，政治要强；第二，情怀要深；第三，思维要新；第四，视野要广；第五，自律要严；第六，人格要正”。[①]其中“政治要强”就要求思政课教师能够善于从政治上看问题，在大是大非面前也能保持政治清醒，能有效担当起学生健康成长的指导者和引路人的责任。另外，《中共中央宣传部 教育部关于进一步加强高等学校思想政治理论课教师队伍建设的意

① 《习近平主持召开学校思想政治理论课教师座谈会强调 用新时代中国特色社会主义思想铸魂育人 贯彻党的教育方针落实立德树人根本任务》，《人民日报》2019年3月19日。

见》，强调要建设一支政治坚定、业务精湛、师德高尚、结构合理的教师队伍，这份重要的文件强调高等学校思想政治理论课教师应将“政治要强”摆在首位。《国务院关于加强教师队伍建设的意见》指出全面提高教师思想政治素质。中共中央办公厅、国务院办公厅《关于进一步加强和改进新形势下高校宣传思想工作的意见》也要求大力提高高校教师队伍思想政治素质。中宣部、教育部《普通高校思想政治理论课建设体系创新计划》提出把政治立场作为教师聘用的首要标准。中共中央、国务院《关于加强和改进新形势下高校思想政治工作的意见》强调要提升教师思想政治素质。《中共中央关于加强党的政治建设的意见》强调必须进一步加强党的政治建设。

2020年，教育部发布的《新时代高等学校思想政治理论课教师队伍建设规定》明确对思想政治理论课教师的概念进行了界定：思政课教师是指承担高等学校思政课教育教学和研究职责的专兼职教师。思政课教师的职责是以习近平新时代中国特色社会主义思想为引领，开展马克思主义理论教育。

2018年1月20日，《中共中央 国务院关于全面深化新时代教师队伍建设改革的意见》（以下简称《意见》）指出，“全面贯彻党的教育方针，坚持社会主义办学方向，落实立德树人根本任务，遵循教育规律和教师成长规律，加强师德师风建设，培养高素质教师队伍”。《意见》阐述了全面深化新时代教师队伍建设改革及素质提升的战略意义、指导思想、重点任务、实践措施。高校思政课教师是高校教师队伍的重要力量和思想政治教育的关键主体，承载着宣传马克思主义理论的使命，肩负着培养担当民族复兴大任时代新人的重任，其综合素质状况对于全面落实立德树人根本任务、提高高校思想政治理论课教学质量、造就专业化思政课教师队伍具有重大意义。

因此，必须严格遵循《意见》中关于教师队伍素质提升的基本要求和思路，打造一批高素质专业化的教师队伍。当前，国内外环境和教育对象正不断发生变化，在此百年未有之大变局时，更多不确定因素接连出现。高校思政课教师必须积极提升自身政治素质，才能有效培养未来人才的政治素质，让人才更好地服务于伟大的中国特色社会主义事业。因此，本课题的研究迫在眉睫。

二、已有研究述评

高校思政课教师政治素质始终受到党中央的高度重视，但是关于如何提升高校思政课教师政治素质的研究成果相对较少。

（一）国内相关研究的学术史梳理及研究动态

以“高校教师政治素质”为关键词可查文献的研究对象主要有高校教师、高校青年教师、高校党员教师、高校预科教师、高校思政课教师、民办高校教师、成人高校青年教师的政治素质。研究内容主要从政治素质现状、政治素质不足的原因、提升政治素质的路径作了分析。

这一研究相当重要。韩喜平等(2023)认为，要想增强高校思政课的实效性，关键要提升高校思政课教师的整体素质，这就需要从加强高校思政课教师的政治素质和理论素质、提升思政课教师的知识素养和学术涵养、培养新的思维方式、加强激励机制建设等方面入手。该项研究急需进一步深化。韦吉锋等(2023)认为，高校思政课教师素质能力研究以经验分析研究居多，实证研究较少，相关的理论成果较少。未来高校思政课教师素质能力提升研究可创新研究视角、优化研究方法、提升研究的深度，从而促进新时代高校思政课的改革与创新。

界定高校思政课教师政治素质概念的文献很少。金永兴等(2017)认为，政治素质是指对国家基本社会制度和根本政治利益的自觉认知、认同状态和操守。我国高校教师政治素质的内涵是对宪法所规定的中国特色社会主义的自觉认同和拥护。王克歌(2011)认为,思政课教师的政治素质包括坚定的马克思主义政治信仰和政治立场、正确鲜明的政治观点、高度的政治敏锐性和政治鉴别力。吴俊(2018)指出,政治素质是一个人政治立场、政治观念、政治态度和政治信仰的综合体现,它是通过个体思想言行表现出来的具有稳定性倾向的政治品质。

现有的研究认为,高校思政课教师政治素质大体上不错,但还存在一些问题,如政治意识存有薄弱之处、政治敏感度有所欠缺、理想信念还存在少数不坚定的现象。政治素质不足的原因主要有以下几个方面:朱延君等(2017)认为,工作理想与现实生活之间的落差导致思想冲突;张横峰等(2017)认为高校对青年教师的思想政治素质不够重视、时代环境造成的消极影响及高校用人机制、收入分配制度和思想政治建设不完善,以及部分高校存在的“重专业、轻政治”现象。

关于提升政治素质的路径,朱延君等(2017)提出要加强理想信念教育,提升教师自身素养,完善相关规章制度,促进工作热情,加强人文关怀,解决教师实际困难。金永兴等(2017)指出要遵从法治精神,更多地通过法治的完善规范教师言行,建立包括明确政治标准在内的准入制度,加强日常管理和考核,将对教师的思想教育和引导教师的事业发展相结合。程奎等(2019)提出,应内外协同提升高校教师思想政治工作地位,因地制宜实施高校教师思想政治工作,形成合力共谋高校教师思想政治工作实效。林柏成等(2018)提出,应着力健全教育管理机制,完善师德考评体系,提升教师学习自觉,增强党组织战斗堡垒作用,全面提升思政课教师的政治素质。汪丹丹等(2023)认为,新时代,应当在加强理论修养中强化高校思政课教师的政治信仰,在立足社会生活实践中增强高校思政课教师的政治能力,在锤炼政治品格中激发高校思政课教师的政治担当。

这些研究都开始重视高校思政课教师政治素质，但仍没有明确界定政治素质的内涵，有些成果混淆了政治素质与其他素质的区别，所开展的研究也没有关注到新时代的新特色，更没有注入大数据新技术元素，没有突出政治素质对于立德树人的关键作用，特别是现有研究还没有顾及智媒时代的传播特征。因而，本课题的研究具有重要的理论价值和实践意义。

（二）国外相关研究的学术史梳理及研究动态

国外的相关研究不太多，少有的几篇文献也只笼统提到教师素质，如郭剑霞（2004）等提出，各国都很重视教师高尚品德和文明行为的修养，但是几乎没有涉及高校思政课教师政治素质的领域。这也印证了本项研究独有的中国特色，本书对于中国共产党的政治建设和人才培养尤其是未来人才政治素质的提升具有参考意义。

（三）独特学术价值和应用价值

本课题研究回应时代之需，具有特殊的学术价值和应用价值。本项目的研究具有重要性和紧迫性。

1.学术价值

本课题以马克思主义理论为指导开展研究，同时还涉猎了哲学、教育学、伦理学、心理学、新闻传播学等学科知识，这一新时代视域下的跨学科研究成果是对习近平总书记关于党的政治建设和高校思政课教师政治素质有关论述的更深层次研究，对推进马克思主义理论、思想政治教育学、政治学、教育学、新闻学与传播学相关理论研究将作出贡献。

2.应用价值

加强高校思政课教师政治素质的提升研究，有利于强化思政课教学效果，坚定人才的政治方向，提高人才质量，为中国特色社会主义事业服务，从而促进人类社会的全面发展。由于高校思政课教师职业的特殊性，本书用于实践所产生的效益将较为显著。

三、本书的创新之处

本书在学术思想、学术观点和研究方法等诸多方面都有所创新。

（一）学术思想的创新

本课题是为贯彻习近平总书记的重要讲话精神，把高校思政课教师政治素质这一重要内容融入智媒时代背景开展相关研究，深入发掘有效提升新时代高校思政课教师政治素质的新路径，充分拓展了思想政治教育学、马克思主义传播学、政治学、教育学等相关学科的研究视野，为综合多学科、多领域的跨学科研究成果。

（二）学术观点的创新

本书提出了一些新观点：

第一，明确提出高校思政课教师政治素质的内涵。

第二，高校思政课教师政治素质对于人才质量特别是坚定人才的政治方向至关重要。

第三，要充分利用大数据新技术，融合智媒时代特色，准确把握新时代的新动向，有机整合新旧路径，从多个渠道有效提升新时代高校思政课教师的政治素质。

（三）研究方法的创新

本书的研究综合运用了文献研究法、调查研究法、比较研究与归纳总结法、例证法、个别访谈法等。多种方法的交替并用，能有效拓展本课题的相关研究，强化本课题的研究效果。

第一章　智媒时代的高校思政课教师

思想政治教育是中国共产党的优良传统和政治优势，是中国共产党在长期的革命、建设和改革实践中形成的解决人的思想观点、政治立场问题，提高人们思想觉悟的方法和艺术，思想政治工作在中国革命、建设和改革事业中始终发挥着"生命线"的重要作用。

党的十八大以来，以习近平同志为核心的党中央高度重视精神文明建设，深化推进新时代精神文明建设实践，持之以恒狠抓科学理论武装和理想信念教育，大力培育和践行社会主义核心价值观，广泛开展群众性精神文明创建活动，不断提升人民文明素养和社会文明程度，推动中国式现代化健康发展，推动中国特色社会主义事业不断取得新成就。改革开放以来，我们党提出的一系列"两手抓"，包括一手抓物质文明建设、一手抓精神文明建设，坚持两手抓、两手都要硬，是我们党在推进改革开放和社会主义现代化建设中十分重要的思想和工作方法。坚持"两手抓、两手都要硬"，把思想政治工作提升到国家治理体系和治理能力现代化的重要高度，并使之成为党的治国理政战略思想的重要内容，极大地丰富和发展了党的思想政治工作理论体系。

高校思想政治理论课教师对于培养人才、提升人才质量，特别是保障人才的政治方向具有举足轻重的重要作用，高校思想政治理论课教师的政治素质对于党的思想政治工作具有特别突出的价值。在智媒时代，教育对象和国际、国内环境不断发生着变化，高校思想政治理论课教师这一特殊群体也被媒体化了，要深入研究高校思想政治理论课教师的政治素质，必须关注智媒体的传播特色。

第一节　新时代的智媒化

当前，媒体智能化已经进入快速发展阶段，智媒时代的信息传播方式、传播要素、传播格局、传播技术和受众所处的大环境都发生了深刻变化。无人能离开无处不在、无所不及的信息影响环境，信息的生产、传播、接受早已轻而易举地跨越了一切时空的限制，把世间一切事物更加紧密地联结在一起，哪怕这些并不直接相关。

如今的大学校园里无时不网、无事不网、无处不网，无网寸步难行，离开网络几乎无法办理任何校园事务。在学生群体中，“手机控”现象已经十分普遍，甚至出现没有手机就无所适从的现象。高校思想政治教育工作正面临着前所未有的挑战，以最先进的信息传播技术为主要特征的智媒时代给高校思想政治教育工作带来了新的机遇，对高校思政课教师提出了具有强烈媒体化色彩的全新要求。

一、智媒时代的信息传播

如今，新时代的信息传播不断呈现出全新的特征，信息传播者、传播模式、传播载体、传播热点、信息接受者正无时无刻发生着变化。日新月异的信息传播技术已经把人类社会引入全新的智媒时代。

（一）什么是智媒体

媒体融合发展已经跨越了三个阶段：全媒体、融媒体和智媒体，这三个阶段分别具有显著的不同特征。在全媒体时代，媒体融合是物理层面的变化；而在融媒体阶段则是化学反应；到了智媒时代，则是基因层面的深度变化；[①]如今的新闻信息传播模式早已由传统媒体点对面的大众传播、融媒体点对点的分众化、差异化传播过渡到智媒体面对点的智能化传播。

智媒体是运用物联网、大数据、云计算、人工智能、虚拟现实等新技术，智能化策划、采集、编写和发稿，重构新闻信息生产与传播全流程，为用户提供最高效的智能化新闻信息服务的新型媒体形态。

智媒体由智能媒体、智慧媒体和智库媒体三部分构成。[②]

一是，智能媒体。指的是用人工智能技术改造媒体，重新定义媒体。除了算法推荐，还包括采访、写作、互动、效果检测、营销等环节与人工智能结合。

① 李鹏：《智媒体：媒体融合转型新阶段》，《传媒》2019年第4期。

② 《瞭望新时代　共话新媒体——首届中国新媒体发展年会主题发言摘登》，《城市党报研究》2018年第11期。

二是，智慧媒体。指的是用主流价值观解决算法偏差的问题，为技术引擎植入价值观的灵魂。智慧媒体是智媒体的重要构成部分，其关键在于价值主导，让技术更加弘扬主旋律。

三是，智库媒体。即以媒体为基础提供全联接智力支持。通过智能技术和智慧报道为政府、企业、社会民众提供智力支持。[①]

（二）智媒体的特点

随着技术的不断进步，人类信息传播也发生了巨大的变化，新的媒体总在不断出现，智媒体具有不同于传统媒体的诸多特点。

一是，技术性。智媒体必须借助最先进的多种信息传播技术和最新的传播内容，才能发展壮大。在智媒时代，最先进的信息传播技术直接与商业形态相结合，不断产生新的媒体形态，如微博、微信、抖音等，这些日益火爆的新媒体又深刻刺激着人们对信息传播的新需求。

二是，智慧性。智媒体使用MGC（机器生产内容）这一重要的新闻生产方式，改变了传统的新闻生产分发方式，重塑了媒体形态，在整体上呈现出智慧的特点，机器人写稿、人工智能主播、智能编审等极大地提升了新闻生产能力，使得新闻分发更加高效。

三是，高效性。智媒体能够瞬时收集全网所有相关资源，并用算法技术同时分类匹配全网用户，以不同视角借助不同载体向同一用户密集推送，新闻信息匹配效率远远高于传统媒体。

四是，多功能。智媒体功能实现全方位拓展，智媒体已不再只是发布新闻信息的传统媒体，而是可以准确分析读者的各类需求，主动

---

① 李鹏：《打造智媒体 提升传播力》，《新闻战线》2018年第13期。

满足用户工作、生活、社交等各方面的个性化服务新媒体，成为个人智能助手。

（三）智媒体可能带来的风险

智媒体在给信息传播带来极大便捷的同时，也会带来一些风险。

一是，智媒体不主动进行价值引导。人工智能媒体较依赖技术，无法给用户传送深刻见解，无法对用户进行思想意识的引领，无法开展舆论监督，容易引起用户对于媒介的不满，弱化了传统新闻媒体的舆论监督功能。

二是，“信息茧房”的困扰。2006年，美国学者凯斯·桑斯坦在其书《信息乌托邦》（*Infotopia*）中提出“信息茧房”（Information Cocoon）概念，用来指公众在过度的信息自我选择之中，会降低对外界其他信息的接触与能力，将自身桎梏于像蚕茧一般的信息茧房。[①]当前，智媒体可以用智能算法分析受众的浏览行为，推测出受众的喜好，此后反复推送受众认同和感兴趣的信息，使受众接收到的信息越来越集中于算法技术推算的内容，反复包裹而成“信息茧房”。用户长期只接触同类信息，会使自己最初的认知走向极端化，视野更加狭隘，思想更加僵化。

三是，数据安全风险上升。相当先进的信息传播技术增加了个人信息采集的范围、幅度，可穿戴设备、智能家居等物联网设备的普及，虽然给用户带来更多便利，但也存在隐私泄漏的风险。

---

① ［美］凯斯·桑斯坦，毕竞悦译：《信息乌托邦》，法律出版社2008年版，第56页。

（四）智媒体的传播要素

智媒体的迅速发展，使人类获得信息传播的新体验。智媒体的传播要素鲜明地表示了信息传播技术的先进，因而也具有特殊性。智媒体的传播要素包括传播者、传播内容、传播载体、接受者、传播效果、传播环境等。

1.传播者

智媒体的传播者身份呈现出多样化。在当前的数字化时代，我们每个人的衣食住行、医疗健康、职业学历、家庭成员等私人信息在大数据的网络中存在泄漏的风险。个体在生活的同时不断自动地同步发布各类信息，这些信息被大数据系统同步记录下来。人的网络社会化生存和数字化生存正在加速。

2.传播内容

数字化时代的媒体传播海量内容，这些信息涉及人类生活的方方面面。从事专业传播活动的人员通过各种运作，使发布的内容更丰富、更生动，从而更吸引受众，信息产品的收视率、阅读量、点击率因此极速飙升。

智媒体采取人工智能算法能瞬时推送受众感兴趣的信息，这些信息对于受众来说已经具备较强的满足感。被受众浏览最多的信息，流行度最高，当然也会被智媒体推送最多。

3.传播载体

大数据新技术运用于信息传播后，不断催生出新的传播载体，新的传播载体之间、新旧传播载体之间交互融合后拓展出新的传播渠道。现代科技越发达，新技术出现得就会越多越快，信息传播载体也会更多。高度发达的信息传播技术极大提高了信息传播效率。

4.接受者

经济社会高度发达的物质文明使受众的生活质量产生质的飞跃。受众的个性化需求得到充分满足,甚至很多信息接受服务项目价格低廉或免费。享受到如此便捷的信息传播服务,受众对于信息的要求更高了。

5.传播效果

通过先进的信息传播技术,智媒时代能跟踪到很多标志着收听、收视效果的精确数据,如受众的反馈、评论、喜好等,从而能迅速分析出传播效果。例如,突发的公共事件让人非常紧张,各类消息如海啸般扑来,让受众不知该相信什么,悄然冒出的谣言严重干扰人们正常生活。多数人往往会产生“宁信其有不信其无”的想法。而这些谣言只会伤害更多无辜的受众。芬伯格早在30年前就发现了受众的这种“自带传播”现象,认为其传播效果相当不可控,负面消息更是如此。

6.传播环境

目前的传播环境比较复杂,更多新出现的因素影响着原本就很难掌控的传播环境。处于现代化传播环境的受众很难保全自己的所有隐私,且各种新情况、新现象都会干扰信息传播过程,使信息传播效果大打折扣。

二、智媒时代的舆情影响

本书涉及的“舆情影响”主要指由重大突发事件引发的可能产生负面影响的舆情,及由大数据新技术支持的新媒体的广泛叠加传播互动而不断发酵催生出的一系列新的负面连锁反应。这些注入强烈情绪的信息很多是信息发布者由片面事实而引发的主观想法,基本没有经过全面考证,很多时候也无法验证事件的真实性,但是这些未经核实的信息经过大量受众的多次传播,将会产生更加恶劣的影响。目前,新媒体成了负面舆情传播的主渠道,广大受众的情绪在互联网上得到充分表达,匿名状态下更为严重。

(一)负面舆情的特点

重大突发事件一般具有突发性、重大性、复杂性、灾难性、持续性、负面性等特征。重大突发事件负面舆情的特点更加丰富。负面舆情主要反映了受众对于负面事件的总体态度。有效预防和处置重大突发事件所产生的负面影响已成为亟待解决的重大课题。在大数据背景下,重大突发事件负面舆情呈现出以下新的特点。

1.呈现常规化

如今的智媒时代使受众非常便捷地接收到更多信息,这些信息反映了现实社会的矛盾,不同群体的价值观也从不同形式表现出来,各类矛盾致使负面舆情呈现常规化的状态。例如高校在开学和毕业季更易发生新的舆情。

2.传播速度极快

网络时代信息传播呈指数级增长,重大突发性事件让人猝不及防。重大突发性事件越重要、越复杂,越容易发生负面舆情,越能刺激公众产生更多负面情绪,同时也会加速负面舆情的多级传播。

3.难以管控

引发负面舆情的信息表现出极大的自由性和多样性,且传播速度极快,几乎可以瞬间传至所有在线受众,且发展方向也很难预测,相当难以管控。

高校舆情传播呈现碎片化、个性化特征。这种完全自发的、带有强烈个体情绪表达意愿的、非常片面的、观点多元化的舆论总和,使以网络为主要传播载体的高校负面舆情更加难以管控。

4.传播渠道广

智媒体时代的传播渠道日益增多。负面舆情传播渠道主要是新媒体,如微信、微博、抖音、小红书等平台。年轻的网民群体都能非常熟练地运用这些传播载体。这些载体通过交互叠加,形成更加强大的传播攻势,从而引发无法想象的更大舆情。

5.多元性

引发负面舆情的海量信息相当多元,涉及政治、经济、文化、军事、外交以及社会生活的各个方面,发布信息的网民分布于社会各阶层和各个领域,网民随时在网上发布,发表后的言论可以被任意评论和多级转发,大多数信息没有也很难经过核实,最后呈现出的信息与事实本身可能会出现较大的偏差。

6.不确定性

由于重大突发事件影响极大,能引起受众强烈关注,常常子虚乌有的事情被编撰得活灵活现,弄得人心惶惶,严重扰乱社会生活秩序。如果不及时澄清事实,辟谣成本会更大,大大增加了相关部门的工作负担,同时还削弱管理部门的公信力。

(二)高校负面舆情影响更大

媒体发布的重大突发事件信息对受众产生负面影响引发的负面舆情相当多,初步分类,这些负面舆情主要包括以下几个方面。

一是,与政治相关的信息。这些信息易引发政治风险。

二是,与经济领域相关的负面舆情。涉及国家重大经济领域和受众日常生活需求的经济信息,如会掀起抢购潮等,对市场造成极大的冲击。

三是,与文化生活相关的负面舆情。文艺界的某些道德失范会引起公众更多的厌恶,致使一些明星人气大降,此类负面舆情将会对其粉丝构成心理伤害,相关当事人不会再获得此前的受众群体青睐。

四是,与社会公共生活相关的信息。社会公共生活与每个人息息相关,干扰社会公共生活的因素易引发负面舆情,激起受众群体的不满。

五是,与教育相关的负面舆情。教育关系到每个家庭和每个人,不同等级教育机构的负面信息都会博得受众高度关注。

进入"互联网+"时代,大学生群体作为网民中较有影响的主要群体之一,已经成为高校舆情的主要当事人,他们时常在主要参与者和推波助澜者之间实现角色的转变。现在的高校负面舆情很多是关于学校饮食卫生、宿舍设备、水电服务等问题,部分舆情以网络谣言和流言、网络暴力、人肉搜索等形式出现。

三、教育对象的媒体化

当代大学生已经被深度传媒化,其思维方式、学习习惯、接收信息的方式、生活方式都有较大变化。

(一)生活环境更加丰富新奇

当前,我国社会生活日益丰富,特别是改革开放40多年来,我国经济保持持续、高速、稳定的增长,人民生活质量持续改善。文化软实力的提高,我国综合国力也随之提高,国际影响和国际地位也在不断增强,高等教育由精英化发展为大众化,广大受众自身的文化水平也普遍提高。大学生群体生活的环境也日益变得丰富、新奇，每时每刻都有新信息、新产品，物质生活更加丰富。

（二）网络语言影响力加大

新媒体的兴起和重大突发事件几乎每天都能催生层出不穷的新词汇、新表达、网络符号、短语、缩写等，大学生群体几乎天天都在创新网络语言、外来语言，新词汇更新速度很快，形式十分多样。这些新的网络语言冲击了规范的汉语言文字，但是大学生如果不了解这些网络语言，可能无法利用新媒体开展顺畅的人际沟通。

（三）交往方式虚拟化

新媒体彻底改变了传统的交往方式，传统的面对面、书信交流已转变为以电子技术为基础的网络化交流和其他新媒体的电子化交流。

随着信息传播技术的飞速发展，信息传递方式越来越依赖于新兴的电子技术和平台。如QQ、微信等，不仅是非正式交往的主要形式，而且越来越广泛地运用于正式的工作交往，电子邮件、电子合同、电子签名等正在被很多国家赋予更多的法律效力。

（四）学习方式线上与线下相结合

腾讯会议、Zoom等平台已经用于正式的重要会议，现场参会已经不再是唯一选择，同一场会议采用线上与线下相结合的形式已经是常态了。学生答辩、求职面试、召开工作或学术会议等都倾向于选择腾讯会议、Zoom等方式，评审招标也可以网上完成，网络技术介入到现实工作和生活的每个角落。

（五）大学生群体观念的变化

随着现实物质世界的变化，人们的观念也产生了翻天覆地的变化。经济全球化的浪潮带来了文化的多元化发展，部分大学生处于迷茫困惑之中，固有的世界观、人生观、职业观、婚恋观不免发生波动。观念的变化必然增加人们行动上的不稳定性，现实生活中的不确定因素又会使大学生群体在观念上产生更多的困惑。

第二节　高校思政课教师面临的新挑战和新机遇

信息化的社会使一切都带上了信息化的深刻烙印，高校思政课教师不可避免地要遇到一系列全新的挑战。但是，毋庸置疑，这样的智媒时代也给高校思政课教师带来了新的机遇。高校思政课教师要沉着应对一切挑战，努力把挑战转化为生机并且紧紧抓住这前所未有的机遇，实现新的发展。

一、智媒时代高校思政课教师面临的新挑战

当今世界正处在全新的大发展格局中，各行各业都在依托高科技实现前所未有的飞跃式的新一轮发展。中国特色社会主义已经进入新时代，我国全面建设社会主义现代化国家正在开启新的征程。我国社会主要矛盾已经转化为人民日益增长的美好生活需要和不平衡不充分的发展之间的矛盾，教育得到空前的重视和关注。在新时代的浪

潮中,每个人都希望自己能实现新的发展。

智媒时代的高校思想政治工作面临诸多新的挑战。面对这全新的一切,高校思政课教师必须顺应新的时代潮流,及时调整自己的工作方式,更新自己的知识结构,才有可能践行自己伟大的历史使命。

智媒时代的信息传播格局彻底改变了大学生的学习方式、娱乐方式、交往方式和生活方式,心态极易被万花筒般的新世界所影响。当代大学生思维灵活、好奇心强、需求品位高、接受信息的方式新潮先进,更青睐快餐式文化,长期碎片式的阅读方式使他们疏于进行深邃的理论思考。高校思政课教师的教育教学劳动成果必然受到消解,常常要做很多无用功。高校思政课教师应该顺应时代潮流,想方设法提高自己的教育教学艺术,始终挺立于时代潮流的浪尖,把一切新现象尽收眼底,才能在瞬息万变的新浪潮中游刃有余,得心应手。

2015年7月,中央宣传部、教育部印发的《普通高校思想政治理论课建设体系创新计划》指出,“必须清醒地认识到,世界范围内各种思想文化交流交融交锋更加频繁,如何发挥正能量,增强对重大理论和现实问题的阐释力,在多元中确立主导,给思想政治理论课提出新的挑战。必须清醒地认识到社会思想意识更加多元多样多变,面对各种思潮和复杂的社会现象,如何运用马克思主义的立场观点方法在多样求得共识,给思想政治理论课提出新的要求”。

(一)智媒时代的信息传播削弱了大学生思想政治教育的成果

网络平台具有很强的自主性、互动性,人们在获取信息的同时可以根据自己的需要随时更新信息内容,参与议题的讨论和互动。大数据新技术催生了各种社交媒体,占据了大学生网络生活的主要阵地,不断改变着他们的现实生活形态。从最初的校园贴吧、MSN即时通信工具到如今的QQ、微博、微信、抖音等,一些热门社交媒体快捷、互动功能极强，高校必须紧紧抓住这类新媒体，使其成为新的教育载体，高校管理者要高度重视全面发掘全媒体的思想政治教育功能。

在纸质传媒唱主角的传统媒体时代，大学生思想政治教育工作主要是通过高校思政课课堂教育、主题报告会、宣传榜样的大型讲座、典型示范座谈讨论和开展思想政治教育社会实践等这些主要渠道。进入媒体充分融合发展的全媒体时代，人与人、人与组织、组织与组织之间的交流方式发生巨大变化。由于传播新技术的普及，可以以多种方式收看电视节目，并且还能选择回放、重播，受众可以在任意时间和任意环境收看电视，文字、音频和视频随时可以接收，并且还可以很方便地与其他受众交流互动。许多具有权威影响的媒体如《人民日报》等也非常重视网络媒体的影响力，借助新技术运作的微信公众号、微博官方号、手机客户端等更是成为受众获取权威信息的主要平台。全媒体正在全方位渗透于受众和新闻生产的全过程。

因此，充分发挥智媒体对大学生思想政治教育的影响成为一个非常紧迫的课题。

（二）媒体的道德失范削弱了大学生思想政治教育的成果

智媒时代大学生思想政治教育面临着很多新问题。社会转型必然导致思想观念的冲突，物质主义、实用主义、功利主义等负面思想也并行存在。

智媒体的传播具有互动性、跨时空性、个体性、小众化、数字性、快捷性、普及性，更容易发生道德失范。由于大学生对信息传播趣味性、娱乐性、知识性、即时性的强烈需求，智媒体在大学校园里更有市场，如果这类媒体发生道德失范，将很大程度削弱大学生思想政治教育的成果。

如果一些未经严格把关过滤的消极落后的、腐朽的、不道德的思想和文化通过新媒体不断对大学生进行渗透，会引发新的道德问题和不良行为，抵消了思想政治教育的部分效果，这对当代大学生的思想政治教育工作提出了严峻挑战。由于大学生生活阅历有限，较易迷失方向、形成不健康的人生观和价值观。有些大学生利用新媒体的虚拟和开放随意发表不负责任的言论；有些大学生对网络痴迷，弱化了其现实交往能力；一些媒体因商业利益的驱使，发布色情、暴力及虚假信息，毒害大学生的心灵，败坏风气，污染校园环境。

智媒体以其强大的影响力弱化了信息传播者与接受者之间的界限，每个人都能成为传播者，受众的主动性大大增强，信息的发布更加快捷，更加富有现场感。一个人可以通过微信、微博、短信、群聊等多种形式在任何时间、地点，对任何人发布信息，一定程度上冲击了传统意义上主流媒体的话语权。智媒体本身就是一把双刃剑，既能给当代受众快节奏的生活带来极大便利，又会给一些自制力差的大学生带来不良影响。由于智媒体自身的特点以及大学生受众群的特殊性，媒体的道德失范更容易对大学生受众群产生误导。

（三）高校校园传统媒体影响力减弱

传统媒体对大学生的影响力逐渐减弱。高校校园传统媒体有校报、黑板报、学校宣传栏、校园论坛等，然而，这些媒体的受众正在大幅减少，自然也很难发生影响力。据调查，很多学生直到毕业都不知本校有校报，更不用说阅读。有些大学网络论坛因为上线人数锐减也逐步关闭。这些校园媒体很难再充当思想政治教育的重要角色。学校官网、微博、微信等校园新媒体逐步面世，但由于内容更新不及时，对新闻事件缺乏瞬时性关注，版式不新颖，话题不鲜活，致使学生兴趣大为减弱。而部分高校管理者并没有及时跟进，致使校园媒体思想政治教育出现断层。

缺少校园传统媒体助力,高校思政课教师固有的教育教学就会显得力量更加单薄,因而教育教学效果也大打折扣。

(四)智媒体的运行模式增加了大学生思想政治教育工作的难度

由于智媒体发布信息具有不确定性、无障碍性和广泛性,对这种信息传播模式的监管难度比传统媒体大得多,信息的筛选和掌控明显滞后,这显然增加了大学生思想政治教育的难度。信息技术的发展使信息发布的迅捷远远超过监管技术的发展,手机摄录功能的日益强大使信息的发布更加具有即时性,手机与互联网的结合更加扩大了信息发布的渠道。而这些信息没有经过任何思想政治教育工作者的把关,直接作用于更多的大学生,将会使大学生思想政治工作受到更多的干扰。

大学生过多使用智媒体后,容易对数字化的新媒体形成强烈的需求和依赖,使得其独立思考和科学研究能力逐渐降低。当代大学生还没有形成稳定成熟的人生观和价值观,缺乏理性的判断能力,更容易受到形形色色的诱惑和干扰。久而久之,就会逐渐对价值观失去正确的判断标准,削减主流思想的正向教育影响。

高校学生群体中出现的网络成瘾,还有可能引发大学生心理障碍和人格障碍,进而影响大学生的现实交往。不良信息的泛滥还会扰乱信息传播环境,并且带来一系列社会伦理问题。

(五)外部环境的影响

进入新时代,各行各业都呈现新的面貌,高校思想政治教育必须积极顺应社会迭代更新,为建设好共有的精神家园、维护好我国意识形态安全贡献智慧。

从国际来看，以美国为首的西方世界实施“西化”“分化”战略，对我国高校意识形态安全构成现实挑战。以美国为首的西方世界凭借其军事、科技、经济实力，在世界上强推所谓的“普世价值”，制造“颜色革命”，引发北非、西亚等国家的动荡。习近平总书记指出：“当前，各种敌对势力一直企图在我国制造‘颜色革命’，妄图颠覆中国共产党领导和我国社会主义制度，这是我国政权安全面临的现实危险。他们选中的一个突破口就是意识形态领域，企图把人们思想搞乱，然后浑水摸鱼、乱中取胜。新形势下，意识形态领域斗争复杂尖锐，历史和现实都警示我们，思想舆论阵地一旦被突破，其他防线就很难守得住。在意识形态领域斗争中，我们没有任何妥协、退让的余地，必须取得全胜。”①

高校思想政治教育存在一些薄弱环节，必须有针对性地开展思想交锋和斗争。智媒时代的到来给高校思想政治教育带来巨大挑战的同时也带来良好机遇。高校思想政治理论课教师在充满变数的新浪潮中，要勇敢应对新的挑战，才可能有实力迎接促进发展的新机遇。

二、智媒时代为高校思政课教师带来新机遇

国内外各种形势经常发生着纷繁复杂的变化，各种风险都在挑战着我们来之不易的思想政治教育成果。面临这样的现实环境，我们一定要同心协力，保持清醒的头脑。

尽管智媒时代给高校思政课教师的工作带来很多挑战，但是发达

① 《习近平关于社会主义文化建设论述摘编》，中央文献出版社2017年版，第37页。

的智媒体技术又为大学生思想政治工作拓展了新渠道，为大学生思想政治教育开辟了更加广阔的空间。

（一）智媒时代为大学生思想政治工作拓展了新渠道

智媒时代为大学生思想政治工作开辟了更加广阔的空间。高校思想政治工作者可以通过智媒体了解学生思想动态，收集海量信息，快速主动地传播积极的信息。智媒体可以丰富教育手段，使思想政治教育更生动形象，更富有针对性，使受教育者由消极被动接受转变为积极主动参与，进一步增强思想政治教育的吸引力。

智媒体能够更为方便和快捷地发布更具个性化的信息，在最短的时间，通过文字、图片、音视频或者相互交流等方式，把教育内容迅速传递给受教育者，使教育更直接、更深入。大学生随时随地都能快捷地接受到最新信息，极大提高了教育信息的传播效率。现实个体出现于虚拟世界时掩盖了很多重要的社会特征，教师借助新媒体虚拟传播手段与学生进行更自由、更自主的在线互动，可消除大学生的心理戒备，增强大学生思想政治教育的影响力。传统的思想政治教育工作方式由于诸多客观条件的限制，会使教育效果与预期目标有一定距离。而智媒体在师生互动上有天然的优势，教育者和受教育者之间符号化的交流，可以使大学生毫无顾虑地倾诉心里话，教育者能够了解受教育者最真实的想法，及时采取措施开展有针对性的思想政治教育。这一点，传统思想政治工作难以企及。

（二）智媒时代为高校思政课教师不断注入新的活力

智媒时代丰富多彩的信息传播形式使大学生的生活更加绚丽多彩，大学生思想政治工作因而也能增添新的活力，高校思政课教师也因最新的信息传播技术不断获得新的活力。

高校思政课教师把最新的信息传播技术运用于思想政治教育会增强思想政治教育活动的吸引力和影响力，让教育内容以各种形式立体化呈现出来。这样的教育形式能对大学生产生足够的吸引力，大学生会更加自觉自愿主动参与到思想政治教育活动中，教育内容对于大学生才会入耳、入脑、入心。

飞速发展的高科技正在孕育新的革命，新的增长动能不断积聚。各类社会成员更加迫切盼望接受更加公平、更加高端和更有质量的教育。新时代的高校思政课教育教学正以全新姿态开启新征程，高校思政课要肩负起新的育人使命。

高校思政课教师要充分抓住这些难得的机遇，与时俱进，永葆青春和活力，不断更新自己的工作方式，根据教育对象的具体情况和教育环境，有效利用不同的传播载体生动活泼地传播教育内容。

第三节　高校思政课教师的特殊性

高校思政课教师的工作不只是一份职业，更重要的是要努力践行立德树人的伟大历史使命，这是关系到中国特色社会主义建设成败兴衰的伟大事业。因而，高校思政课教师的工作具有显著的特殊性，这一特殊性最直接源于高校思政课的政治属性。

一、高校思政课的政治属性

政治属性是政党第一位的属性。在党的建设总体布局中，政治建设是最重要的、管总的、管根本的，是核心，是其他建设的着眼点和落脚点，对党的其他建设具有统领提携、纲举目张的作用。高校思政课是为党为国培养人才的重要方式，高校思政课天然具有鲜明的政治属性。

中国共产党一贯重视提升高校思想政治理论课教师的政治素质。大多数高校思政课教师都是中共党员，全面从严治党要落实到每位思政课教师。在新中国成立以来的不同历史时期，虽然学校思政课的内容有很大发展，但思政课鲜明的政治属性始终没有改变。作为思政课根本属性，政治性要求思政课教师必须承担信仰教育、思想引领和价值导向的职责。传道者必先明道、信道，做到信仰坚定，政治过硬。

（一）高校思政课肩负着立德树人的政治使命

高校思政课的政治属性，在于高校思政课肩负着立德树人的政治使命，高校思政课必须为培养建设新时代中国特色社会主义事业的人才作好政治方向上的强力引导和政治文化的充分积累。高校思政课具有突出的阶级性和政治性。

（二）高校思政课承担着传播马克思主义理论的重要任务

马克思主义理论在高校意识形态领域中实现指导地位和作用，必须通过思政课教学这一主要渠道实现有效的传播。思政课课堂是巩固马克思主义意识形态的主要阵地，高校思政课就是要解决“培养什么人、怎样培养人、为谁培养人”这一根本问题，这也是当前高等院校思想政治教育的工作重点。思政课的重要性和根本任务足以彰显其本身鲜明的政治属性。

（三）党和国家高度重视高校思政课

思想政治理论课是中宣部、教育部统一规定在高等学校开设的对大学生实施思想政治教育的必修课，本课程的目的和任务是要重点解决大学生世界观、人生观、价值观的问题，关系到未来人才的政治方向和健康成长，至关重要。

2016年，在全国高校思想政治工作会议上，习近平总书记指出，高校思想政治工作关系高校培养什么样的人、如何培养人及为谁培养人这个根本问题。他强调，高校是党领导下的高校，是中国特色社会主义高校。办好高校，必须坚持正确的政治方向。[①]高校思想政治理论课教师作为教育者要先受教育，要做好充足的知识储备，才能成为先进思想文化的传播者，才能坚定不移地支持党的方针政策，传播党的执政理念，当之无愧地担负起引导大学生健康成长的重要职责和历史使命。

2018年8月，在全国宣传思想工作会议上，习近平总书记宣布，中国特色社会主义进入新时代。我国进入新时代以后，一切都面临着全新的格局，国际国内形势也发生了巨大改变，进一步深化改革将会遇到更大困难和风险，全新的内环境和外环境给我党的意识形态工作提出了新的课题和更高的要求。高等院校是传播党的方针政策的重要阵地，在全党的意识形态工作中占有显著地位。担负着大学生思想政治教育重任的思政理论课程，必须统一思想、凝聚共识，必须强化培养担当民族复兴大任的时代新人的重要职责。

进入新时代，更要办好思想政治理论课，更要努力加强高校思想政治理论课教师队伍建设，特别是要大力提高高校教师队伍的政治素

① 习近平：《把思想政治工作贯穿教育教学全过程》，新华社2016年12月8日。

质，因为高校思想政治理论课教师的政治素质直接影响着大学生的政治素质。

二、高校思政课教师工作的重要责任

（一）教师职业的重要性

教师是一门高尚的职业，承担着重要的社会责任，要为国家发展培养出合格的人才。"凡学之道，严师为难。师严然后道尊，道尊然后民知敬学"（《礼记·学记》）。师德是教师的职业道德，是被教师、学生、家长和整个社会舆论所普遍认可的教师行为准则和规范。作为一名优秀的教师，除了要具有系统的、坚实的理论基础和渊博的专业知识以外，还要具备优秀的道德品质与职业精神。教师是一门高尚的职业，承担着重要的社会责任，要为国家发展培养出合格的人才。

（二）高校思政课教师的特殊职责

高校教师的职业还具有特殊性，高校教师的劳动对高校学生的人生之路会产生深远持久的影响，教师用高尚的师德规约自己的言行，才能给教育对象以良好的示范引领。教师承担着特殊的社会责任，教师要出色履行职业责任，必须具备系统的专业技能，养成崇高的师德，才能为教育事业作出更多贡献。

伟大的新时代迫切需要众多优秀的人才，培养社会主义事业的接班人，更加需要优秀的高校教师群体付出无数心血。师德建设尤为关键，师德高尚的教师更有利于帮助学生树立正确的人生观和价值观，更有利于帮助学生抵御不良思潮的负面影响。

高校思政课教师在立德树人的伟大教育事业中担负着重要的职责和使命，是思政课课程教育教学活动的实施者和组织者，在思想政治理论课教育实践中发挥着引导作用，是对大学生开展思想政治教育和提升大学生政治素养的主导者。高校思政课教师必须以全优的教育教学以理服人、以情动人、以德感人，使思政课的教育教学内容真正深入到学生心灵深处，让学生能在春风化雨的教育教学活动中陶冶情操，优化品性。

高校思政课教师对于马克思主义理论要真信、真懂、真感兴趣才能讲深讲透，所以，高校思政课教师在政治上必须绝对可靠，必须具有过硬的政治素质，应该优先提高教师政治素质。

高校思政课教师，必须坚定地以马克思主义理论为指导，培养正确的政治意识和政治立场，同时，在育人实践中，逐步养成高度的政治自觉和政治敏锐，才能够引导青年学生坚定共产主义理想和信念，坚持正确的社会主义政治方向，为中国特色社会主义事业服务。

三、提升高校思政课教师政治素质的意义

智媒时代提高高校思政课教师政治素质具有重要的战略意义。高校政治课是对大学生进行思想政治教育的主渠道，是帮助大学生养成正确人生观、价值观和世界观的主要阵地，高校政治课教师在大学生思想政治素质的培养和发展的过程中起到了主导性的作用。

办好思政课，最根本的是要全面贯彻党的教育方针，解决好培养什么人、怎样培养人、为谁培养人这个根本问题；办好高校，必须坚持正确的政治方向，教师是教育发展的第一资源，兴国必先强师，教师无上光荣，要从全党全社会从战略高度来认识教师工作的重要性。

（一）高校思政课教师政治素质关系到未来人才质量

高校思政课教师肩负着“培养什么样的人、为谁培养人”的伟大历

史使命,要求必须具有较高的政治素质。高校思政课教师首先必须坚持政治要强,要力争让学生信其师。

2019 年 1 月 31 日,《中共中央关于加强党的政治建设的意见》指出:加强党的政治建设,目的是坚定政治信仰,强化政治领导,提高政治能力,净化政治生态,实现全党团结统一、行动一致。高校思政课教师必须带头落实这些要求,时刻警醒自己坚守党的政治立场、政治方向、政治原则、政治道路、政治纪律、政治规矩、政治能力、政治文化,力争推进党的政治建设。

2019 年 3 月新修订的《党政领导干部选拔任用工作条例》明确要求,选拔任用党政领导干部,必须把政治标准放在首位,这是增强党内政治生活的政治性在选人用人方面的最新要求。

高校思政课教师通过教育教学活动传道、授业、解惑,除了传播学科专业知识,还必须引领教育对象净化思想,吸纳马克思主义理论的真谛。高校思政课教师肩负的历史使命,是要提高到塑造人的精神世界的特别高度。高校思政课教师是教育发展的第一资源,为促进祖国富强和民族复兴不断发挥着重要作用。

(二)高校思政课教师政治素质关系到马克思主义传播的实效性

高校思想政治工作实际上是一个释疑解惑的过程,宏观上是回答为谁培养人、培养什么样的人、怎样培养人的问题,微观上是为学生解答人生应该在哪用力、对谁用情、如何用心、做什么样的人的过程,要及时回答学生在学习、生活、社会实践乃至影视剧作品、社会舆论热议中所遇到的真实困惑。

高校思政课教师政治素质关系到马克思主义传播的实效性。高校思政课是向青年学生传播马克思主义理论的主要阵地和主要渠道。

高校思政课教师必须坚持正确的政治方向，才能主动给学生教授马克思主义中国化的最新成果，才能有效传播社会主义核心价值观，提升学生的政治素养。高校思政课教师只有具备很强的政治素养，才能真学、真信、真懂马克思主义理论，才能使马克思主义理论真正地深入到教育对象的内心深处，教育对象也才能进一步坚定政治方向，更好地为中国特色社会主义做出最大的贡献。

（三）高校思政课教师政治素质关系到思政理论课教学效果

社会越发展，思政课的育人作用越不可替代，高校思政课教师政治素质对于思想政治理论课教学效果的改善和教学目标的实现起着根本性和决定性的作用。思政课教师是党的理论、路线、方针、政策最直接的传播者，是大学生思想意识形态工作最主要的引领人，是教育教学环节最前沿的把关人。

思政理论课教学效果的提升有助于为高校学生提供源源不竭的精神动力，让学生积极完成大学阶段的学习任务，实现综合素质的全面进步和自由发展。高校思政课教师强大的政治素质能确保思政课程的政治品位和政治感召力，从而助力育人目标顺利完成。

目前，思政理论课教学效果还需要进一步强化，高校思政课教师政治素质将对此发挥关键作用，提升高校思政课教师政治素质十分必要。

讲好思想政治理论课关键在教师。高校思政课教师良好的政治素质是实现该课程育人目标的首要前提，是培养社会主义建设者和接班人的现实要求，是抵御历史虚无主义消极影响的迫切需要。

习近平总书记在全国高校思想政治工作会议上强调："高校教师要坚持教育者先受教育，努力成为先进思想文化的传播者、党执政的坚定支持者，更好担起学生健康成长指导者和引路人的责任。”[1]高校思政课教师要传播马克思主义理论知识，做好学生思想政治工作，培养接班人优秀的思想品德。着力提升高校教师思想政治素质，对于做好高校思想政治工作具有重要意义。

① 习近平：《把思想政治工作贯穿教育教学全过程》，新华社2016年12月8日。

第二章　高校思政课教师政治素质的主要内容

高校思政课教师政治素质的主要内容非常丰富，必须准确界定，才能更好地推进高校思政课教师政治素质的养成。

第一节　高校思政课教师政治素质的概念

一、高校思政课教师的素质

素质又称能力、资质、才干等，指一个人在社会生活中思想与行为的具体表现，是决定并区别绩效差异的个人特征，是一个人文化水平的高低，身体的健康程度，以及家族遗传于自己的惯性思维能力和对事物的洞察能力，管理能力和智商、情商层次高低以及与职业技能所达级别的综合体现，具体指个人的才智、能力和内在涵养，即才干和道德力量，涵盖政治、思想、作风、道德品质和知识、技能等方面，经过长期锻炼、学习所达到的一定水平，是后天形成的一种生活习惯。

人的素质包括生理和心理两个方面。生理方面主要是指人体的各个组成部分的发育和机能增长，包括人的感觉、记忆、思维、情感、意志、性格等方面。心理方面一般又可以分为两个部分，一是专业技能，二是道德、品行、教育、美学、语言等，某些素质上的缺陷可以通过实践和学习获得不同程度的进步。

本书将素质定义为，个体经过教育培训和社会历练，在后天形成的意识和能力的综合表现。素质这类属性是由知识内化于心而形成的相对稳定的心理品质及其素养、修养和能力，对人的各种行为起到长期、持续的影响甚至决定作用的主要因素是素质。人的素质一旦形成就具有内在的相对稳定的特征，所以，人的素质是以人的先天禀赋为基质，在后天环境和教育影响下形成并发展起来的内在的、相对稳定的身心组织结构及其质量水平。素质可以分为政治素质、思想素质、道德素质、业务素质、审美素质、劳技素质、身体素质、心理素质、理论素质和能力素质等，高校思政课教育的实践必须突出政治素质。

总之，优秀的高校思想政治理论课教师素质，一要有过硬的思想政治素质，这是一个优秀的思政课教师从业的前提条件。二要有扎实的专业功底，这是思政课教师的核心素质。三要有高尚的职业道德素质，这是思政课教师最基础的素质。

二、高校思政课教师的政治素质

政治素质是指政治主体在政治社会化的过程中对其政治心理和政治行为发生长期稳定作用的基本品质。政治素质包括政治方向、政治立场、政治意识、理想信念、理论水平、价值观念、政治能力等。政治素质是马克思主义者的核心素质。

政治素质包括广义的政治素质与狭义的政治素质。广义的政治素质与业务或专业素质相对,泛指人的思想政治和道德的总体状况,也就是指人的世界观、人生观和价值观;而狭义的政治素质主要指政治立场、政治方向和政治态度,其核心内容是对国家基本社会政治制度和根本政治利益的自觉认知、认同的状态和相关操守。

政治素质,是人的综合素质的核心。在高等教育发展过程中要重视教师综合素质的培养和提高,教师的思想政治素质的提高在综合素质的提高中则居于核心和灵魂的地位。同时,政治素质是一个人政治立场、政治观念、政治态度和政治信仰的综合体现,它是通过个体思想言行表现出来的具有稳定性倾向的政治品质。主要包括:政治立场、规矩、纪律、文化、素养、修养、意识、意志、观点、信念、理想、品质、理论,等等。

高校思政课教师的政治素质直接影响到大学生的思想觉悟、价值观念和政治操守,直接影响到大学的办学方向,直接影响到立德树人的根本任务能否有效完成。思政课教师的政治素质不仅事关个人,也关乎党的教育事业发展,关乎社会主义事业建设者和接班人的培养。

从政治素质方面来看,高校思想政治理论课教师队伍后备人才应该成长为政治站位高、政治信念牢、政治纪律严的接班人;从理论功底方面来看,高校思想政治理论课教师队伍后备人才应该成长为学科基础厚、科研潜质足、学术志向大的研究者;从教学素养方面来看,高校思想政治理论课教师队伍后备人才应该成长为情怀深厚、师德崇高、教学水平高的出色群体。

政治素质是高校思政课教师履行育人使命的关键素质,对实现育人目标实现民族复兴至关重要。思政课教师对学生的思想引领作用不可替代,教师的政治素质,对大学生会产生更大的直接影响。

政治素质是高校思想政治理论课教师从事教学和科研工作应具备的重要的核心素质,政治素质对思想政治理论课教学效果的改善和教学目标的实现起着根本性和决定性的作用。在当前新的社会历史条件下,进一步提升高校思想政治理论课教师的思想政治素质是教育者和受教育者的共同期待。培养和提升高校思想政治理论课教师的政治素质需要从多方面积极开拓新路径。

政治素质是高校思政课教师素质构成中的首要内容,也是思政课教师的立身之本。思政课教师承担着宣传党的理论、方针、政策的历史使命,肩负着引导大学生健康成长的重要职责,高校思政课教师的政治素质状况必然深刻影响大学生的成长方向和培养质量,因而思政课教师必须具备过硬的政治素质。

首先,坚定马克思主义信仰。坚定马克思主义信仰,是高校思政课教师的精神支柱,是做好思想政治教育的首要条件。思政课教师只有发自内心地自觉自愿坚定马克思主义信仰,对马克思主义真信真懂,才会无限热爱和积极投身于马克思主义教育事业。

其次,坚持正确的政治方向和政治立场。作为大学生成长成才的引路人,思政课教师必须坚持正确的政治方向和政治立场,始终与党中央保持一致,做党的路线方针政策的坚定支持者,旗帜鲜明、理直气壮地宣传马克思主义,大胆批驳各类反马克思主义社会思潮。

最后,坚持社会主义人才培养方向。思政课教师必须坚持不懈地用习近平新时代中国特色社会主义思想武装大学生,必须严明政治纪律,牢固底线要求,坚持“学术研究无禁区,课堂讲授有纪律”的原则,时刻谨记自己的职业使命,注重课堂言行。

高校思政课教师的政治素质不同于其他群体的政治素质,其内容和具体规范具有特殊性。思政课教师的首要素质就是政治素质,指的是在高等院校从事思想政治理论课教学工作的教师在政治上必须具备的素养、意识和能力。高校思政课教师要特别重视强化政治意识，提高政治能力，提升道德认识水平，促进自我发展，在对于教育事业的态度、对国家发展的看法、对学生成长的方向等方面，都必须坚决维护党中央的权威。

高校思政课教师政治素质具体包括高校思政课教师在从事教育教学活动中所持的政治方向、政治立场、政治意识、理想信念、理论水平、价值观念、政治能力等，这些隐性的表达都会不可避免地直接作用于授课对象，在教育对象心中产生政治烙印，这些长期的、有计划的、规律的教育活动对学生政治人格的形成将会产生比较大的影响。高校思政课教师政治素质的内容包括正确的政治立场和政治观点、优秀的思想道德品质、良好的工作作风等。由于政治素质具有重要功能，因此高校思想政治理论课教师队伍后备人才应该政治站位高、政治信念牢、政治纪律严。

高校思政课教师要把自己平凡工作的点滴都当成实现伟大职业理想的每个阶梯。高校思政课教师应当具备的政治素质主要体现在拥护中国共产党的领导，有坚定的理想信念，热爱党的教育事业，贯彻立德树人根本任务，弘扬并践行社会主义核心价值观。依据“青马工程”实施纲要，从领导、选拔、培训、评价、管理及举荐等方面构建高校青年教师思想政治素质培养机制。

高校思政课教师的思想政治素质包括多方面的具体内容和要求，主要有坚定马克思主义的政治信仰，具有较深厚的马克思主义理论素养、较强的政治敏锐性和政治鉴别力，支持和拥护中国共产党的领导，政治立场、政治原则、政治方向要与党中央始终保持高度一致，积极树立和践行社会主义核心价值观，坚定中国特色社会主义事业的共同理想等。思政课教师的思想政治素质状况如何不仅事关思政课教学能否坚持正确的政治原则、政治立场和政治方向，也从根本上影响着从事思政课教学的态度和效果。因此,重视培养和提升思政课教师的思想政治素质具有十分重要的意义。

第二节　高校思政课教师政治素质的具体要求

百年大计,教育为本;教育大计,教师为本。高校培养的人才质量如何,是否坚定不移地为中国特色社会主义事业服务,是否坚定社会主义方向,高校思政课教师的政治素质发挥着至关重要的作用。大力提高高校教师队伍思想政治素质关系到高校思政课效果的好坏。

智媒时代的高校思政课教师要严于律己,全面提高自身政治素养,成为全能型的教师,才能顺应时代的发展,更好践行立德树人的历史使命。高校思政课教师要以更高的标准,从真正促进大学生全面发展的角度,从严要求学生,把握当代学生的特点,耐心细致,诲人不倦,把言教与身教相结合,充分展示自己的人格魅力,正确引领学生,在学生心目中树立起可亲可敬可爱的教师形象,这是高校思政课教师所必备的基本素养。高校思政课教师的特殊职责和伟大历史使命客观上要求高校思政课教师要有过硬的政治素质。高校思想政治理论课教师政治素质的具体要求主要包括政治意识和政治能力两方面。

一、政治意识

高校思想政治理论课教师首先必须具备很强的政治意识,必须旗帜鲜明地坚持马克思主义的政治立场,积极践行社会主义核心价值观。高校思政课教师的政治意识包括坚定的马克思主义政治信仰和政治立场、正确鲜明的政治观点、高度的政治敏锐性和政治鉴别力。高校思政课教师应该培养坚强的政治素质,坚定政治意识、大局意识、核心意识、看齐意识,深刻领悟“两个确立”的决定性意义,坚决做到“两个维护”。高校思政课教师的政治立场、政治原则、政治方向要与党中央始终保持高度一致。

(一)政治信仰

高校思政课教师必须持承坚定的政治信仰。具体而言,就是指高校思政课教师必须坚定不移地信仰马克思主义。高校思想政治理论课教师最基本的素养就是要有崇高的信仰,只有真正信仰马克思主义,才有可能成为一个坚定的马克思主义者。高校思想政治理论课教师基本都是中国共产党党员,高校思想政治理论课教师不仅是马克思主义理论的职业传播者,也不只是马克思主义科学理论的讲授者,首先应该是坚定的信仰者。信仰马克思主义,就是高校思想政治理论课教师天然的政治使命。

只有教师自身信仰坚定,真信真懂,才能够真正在实际工作中传播信仰。新时代贯彻党的教育方针,要坚持马克思主义指导地位,贯彻新时代中国特色社会主义思想,坚持社会主义办学方向,落实立德树人的根本任务,坚持教育为人民服务、为中国共产党治国理政服务、为巩固和发展中国特色社会主义制度服务、为改革开放和社会主义现代化建设服务,扎根中国大地办教育,同生产劳动和社会实践相结合,加快推进教育现代化、建设教育强国、办好人民满意的教育,努力培养担当民族复兴大任的时代新人,培养德智体美劳全面发展的社会主义建设者和接班人。

要让有信仰的人讲信仰,高校思政课教师树立坚定的政治信仰,谨记自己光荣的历史使命，才能有效推动习近平新时代中国特色社会主义思想进教材、进课堂、进头脑，将中国化的马克思主义最新成果融入思政课教学全过程。高校思政课教师要坚定马克思主义信念，坚信只有马克思主义理论与中国具体实践相结合才能解决中国的具体问题，只有中国共产党才能领导我们这样一个伟大的社会主义中国，只有中国共产党才能带领中华儿女艰苦奋斗，实现中华民族的伟大复兴。高校思政课教师自己必须从严要求自己，始终执着坚守马克思主义的政治信仰，才能教育好学生，才能在教育教学中理直气壮、信心百倍地向学生积极传播马克思主义理论的政治观点，才能引导学生真学真懂真信，自觉把个人理想追求同国家和民族的前途紧紧联系在一起。对高校思政课教师的基本要求就是政治上必须可靠。

教师是人类灵魂的工程师，这一点早已成为人类的共识。高校思政课教师还承担着立德树人的神圣使命，对大学生思想的引领负有重要的职责，这样重大的责任是任何职业、任何群体都无法替代的，所以，高校思政课在育人过程中具有不可替代的作用。作为教育者的高校思政课教师必须先受教育，教导学生信仰马克思主义前，自己必须具备坚定的马克思主义信仰，才能有足够的知识储备去引导学生吸纳马克思主义的精髓。

高校思政课教师必须培养崇高的政治信仰。马克思列宁主义、毛泽东思想、中国特色社会主义理论体系，特别是习近平新时代中国特色社会主义思想是高校思政课教师应有的信仰。高校思政课教师要热爱祖国，热爱人民，拥护中国共产党领导，拥护中国特色社会主义制度，并且成为典范，这正是对高校思政课教师政治忠诚的起码要求。

（二）政治立场

高校思政课教师必须坚持正确的政治立场、正确的政治方向，支持和拥护中国共产党的领导，坚定中国特色社会主义事业的共同理想和政治信念，在重大原则问题和大是大非面前立场坚定、旗帜鲜明，做政治上的明白人，保持与党中央一致的政治立场，坚定维护党中央权威。

政治方向包括政治理想与党的基本理论、基本路线、基本方略。共产主义远大理想和中国特色社会主义共同理想是中国共产党人共同的政治追求。

政治方向是党生存发展第一位的问题。只有把政治建设摆在首位才能校准我们事业的方向，这是关乎我们根本政治立场的大事。习近平总书记强调："我们所要坚守的政治方向，就是共产主义远大理想和中国特色社会主义共同理想、'两个一百年'奋斗目标，就是党的基本理论、基本路线、基本方略。"[①]

中宣部、教育部《意见》对合格的高等学校思政课教师提出要求，即在思想政治方向上，要把坚定正确的政治方向放在首位，这是社会主义学校在政治上的本质特征，也是社会主义大学区别于资本主义大学的鲜明标志。高校思政课教师坚定了正确的政治方向，才能更加自觉自愿地学习和研究马克思主义理论，才能主动有效地向教育对象认真透彻宣传、解读党中央的方针政策和马克思主义理论，正确引导广大青年学生迅速成长为社会主义国家的有用之才，这是作为高校思政课教师必须具备的政治素质的首要方面。

高校思政课教师只有加强自身政治修养，在政治上站稳马克思主义立场，向党中央看齐，才能对学生科学、理性、自觉地传播马克思主

① 《习近平在中共中央政治局第六次集体学习时强调 把党的政治建设作为党的根本性建设 为党不断从胜利走向胜利提供重要保证》，《人民日报》2018年7月1日。

义,才能教导学生坚定政治信仰,树立远大的共产主义理想。因此,必须时时刻刻自觉地、主动地在思想上、行动上同党中央保持高度一致,向党的理论和路线方针政策看齐,做到表里如一、知行合一,政治立场不移、政治方向不偏。

传道解惑,首先必须明确所传之道的“道”到底是什么。高校思政课教师要传授的“道”就是马克思主义理论。马克思主义理论已被实践证明是放之四海而皆准的真理,高校思政课教师必须矢志不渝地坚持以马克思主义理论为指导。马克思主义理论具有科学性和真理性,具有与时俱进的理论品质,总是在与具体实际相结合中不断前进。高校思政课教师尤其要学懂弄通习近平新时代中国特色社会主义思想。习近平新时代中国特色社会主义思想是马克思主义中国化的最新成果,这是马克思主义理论与中国新时代的实践相结合而产生的最新成果,是新时代的指导思想和行动指南。

高校思政课教师在任何时候任何情况下都必须坚决拥护中国共产党的领导,在大是大非面前必须保持清醒的头脑,始终自觉在思想上和行动上与党中央保持一致,尤其是要坚定共产主义远大理想和中国特色社会主义共同理想。

(三)政治热情

高校思政课教师有幸从事这样伟大的工作应该倍感光荣,应该有崇高的职业荣誉和自豪感,应该始终对伟大的高等教育事业充满高度的政治热情,对受教育者满怀无限深情,对未来的人才极富仁爱之心。

毛泽东同志指出,我们要保持过去革命战争时期的那么一股劲,那么一股革命热情,那么一种拼命精神,把革命工作做到底。大学生的人生观、世界观正在形成,青春年少、活力四射,可塑性极强,思想政治理论课教师必须具有丰富的情感,必须对伟大的高等教育事业充满激情，才能感染和引领他们。

2018年8月，习近平总书记在全国宣传思想工作会议上指出，高校是党的意识形态工作的重要组成部分，是培养能够担当民族复兴大任时代新人的重要场所。在2016年全国高校思想政治工作会议上，习近平总书记提出高校思想政治工作关系高校培养什么样的人、如何培养人及为谁培养人这个根本问题。①

高校思政课教师担负着培养治国兴邦人才的重要任务，高校思政课教师的职业责任非常重大。优秀的思政课教师，要树立远大的共产主义理想，要有政治追求和深沉的家国情怀，胸怀天下，放眼世界，不断向实践学习，向人民学习，在奋斗的历程中汲取养分，丰富智慧，把个体的理想与民族和国家紧密相连，把小我深刻融入时代的潮流和社会的大格局，永葆青春活力和革命激情，成为学生信仰坚定、理想远大、情怀深厚的优秀榜样。高校思政课教师要通过成功地培养人才实现自我的人生价值。

毛泽东同志强调，共产党员一定要有朝气，一定要有坚强的革命意志，一定要有不怕困难和用百折不挠的意志去克服任何困难的精神，一定要克服个人主义、本位主义、绝对平均主义和自由主义，否则就不是一个名副其实的共产党员。有一些丧失朝气、丧失革命意志和坚持错误的人，在累教不改的情况下，党委应当予以正当处理，重者绳之以纪律。②

高校思政课教师应具备无私奉献的职业精神。高校思政课教师没有强烈的家国情怀是做不好本职工作的，更不用说完成立德树人的

① 习近平：《把思想政治工作贯穿教育教学全过程》，新华社2016年12月8日。

② 《建国以来毛泽东文稿》第6册，中央文献出版社1992年版，第547—548页。

伟大历史使命。全国的高校思政课教师群体几乎都有着沉重的教学任务,还有很大的科研压力,如果没有树立远大的共产主义理想,没有丰厚的政治热情,是很难全身心地投入到本职工作的。

(四)政治敏锐

高校思政课教师从事的工作具有鲜明的政治性和党性。高校思政课教师必须具备高度的政治敏锐性,在长期的磨炼中养成充分的政治自觉,才能够有效地传播符合马克思主义基本原理的主流价值观,才能正确引导青年学生坚定共产主义理想信念,坚持社会主义的政治方向。不论面临什么复杂环境,高校思政课教师都要以高度的政治敏锐,认真严谨地完成自己工作的每个细节,始终清晰准确地以“培养什么人、怎样培养人、为谁培养人”这个根本问题为轴心,讲好思政课,提高思政课的政治品位,凸显思政课鲜明的政治属性。

新时代高校思政课教师要静下心来,提高政治敏锐性,深刻体察现实,潜心钻研业务,全面提升综合素质,成为适应新时代发展需要的多面手。要增强政治敏锐性和政治鉴别力,对容易诱发政治问题特别是重大突发事件的敏感因素、苗头性和倾向性问题,对意识形态领域各种错误思潮、消极意识、不良现象保持高度敏感。

作为能对大学生思想政治素养产生直接影响的高校思政课教师,必须在政治上对自己要求更高,做政治上的明白人,增强政治敏锐性和政治鉴别力,在重大原则问题和大是大非面前立场坚定、旗帜鲜明,同党中央保持高度一致，坚持“五个必须”，严防“七个有之”[①]，坚决同各种违背原则、违反党纪党规、损害党中央权威现象作斗争。

高校思政课教师必须维护中央权威。毛泽东同志在中共七大预备会议上说：“要知道，一个队伍经常是不大整齐的，所以就要常常喊看齐，向左看齐，向右看齐，向中看齐。我们要向中央基准看齐，向大会基准看齐。看齐是原则，有偏差是实际生活，有了偏差，就喊看齐。”[②]这是毛泽东同志对看齐意识的诠释和表达。看齐主要是向党中央看齐，向党的理论和路线方针政策看齐，向党中央决策部署看齐，看齐的目的在于维护中央权威。

（五）风险意识

毛泽东同志指出，“要提倡顾全大局。每一个党员，每一种局部工作，每一项言论或行动，都必须以全党利益为出发点，绝对不许可违反这个原则”。[③]

高校思政课教师要强化风险意识，时刻保持警惕，密切关注现实中任何风吹草动，保持清醒头脑，及时把政治风险化解于萌芽阶段。

智媒时代的信息传播相当成熟，可以达到同步共享。信息的发布

---

① “五个必须”指的是，一是必须维护党中央权威，二是必须维护党的团结，三是必须遵循组织程序，四是必须服从组织决定，五是必须管好亲属和身边工作人员；“七个有之”指的是，一些人无视党的政治纪律和政治规矩，为了自己所谓仕途，为了自己的所谓影响力，搞任人唯亲、排斥异己的有之，搞团团伙伙、拉帮结派的有之，搞匿名诬告、制造谣言的有之，搞收买人心、拉动选票的有之，搞封官许愿、弹冠相庆的有之，搞自行其是、阳奉阴违的有之，搞尾大不掉、妄议中央的也有之。

② 《毛泽东文集》第3卷，人民出版社1996年版，第297—298页。

③ 《毛泽东选集》第3卷，人民出版社1991年版，第821页。

不再像传统媒体时那样经过严格审核、层层把关，因而不一定经过证实，不能保证完全的真实性。这类信息容易引发舆情，产生负面影响，引起政治风险。高校思政课教师要强化风险意识，做到眼睛亮、见事早、行动快。要练就一双政治慧眼，切实担负起党和人民赋予的政治责任，履行好党和人民赋予的职责使命。

（六）政治纪律

政治纪律是高校思政课教师必须遵守的政治规矩，这是对高校思政课教师最基本的刚性约束，是不允许超越的红线。要严格实行民主集中制的纪律，少数服从多数，个人服从组织，下级服从上级，全党服从中央。只有靠集体的政治经验和集体的智慧，才能保证党和国家的正确领导，保证党的队伍的不可动摇的团结一致。毛泽东同志指出："身为党员，铁的纪律就非执行不可。"①抗战时期，毛泽东同志特别强调党的纪律，重提："（一）个人服从组织；（二）少数服从多数；（二）下级服从上级；（四）全党服从中央。"他还说，"谁破坏了这些纪律，谁就破坏了党的统一"②。

遵义会议能够在十分危急的关头挽救党和红军，靠的是党的政治纪律；十一届三中全会实现历史的重大转折，没有政治纪律的约束，没有党的团结和统一是不可想象的。正如习近平总书记所说："党的纪律是刚性约束，政治纪律更是全党在政治方向、政治立场、政治言论、政治行动方面必须遵守的刚性约束。"③"在所有党的纪律和规矩中，第

① 《毛泽东文集》第2卷，人民出版社1993年版，第416页。

② 《毛泽东选集》第2卷，人民出版社1991年版，第528页。

③ 《习近平谈治国理政》第2卷，外文出版社2017年版，第151页。

一位的是政治纪律和政治规矩。"[①]显然，只有政治纪律发挥实效，才能保证政治建设的统领地位。

《中国共产党章程》规定："党组织必须严格执行和维护党的纪律，共产党员必须自觉接受党的纪律的约束。"严格而明确的政治纪律是伟大的中国共产党事业兴旺发达和不断进步的强力保障，是维护党性和党员履行义务及责任的具体规范。

政治纪律和政治规矩是坚持党中央权威和集中统一领导的根本保证。习近平总书记指出："党的纪律是多方面的，但政治纪律是最重要、最根本、最关键的纪律，遵守党的政治纪律是遵守党的全部纪律的重要基础。"[②]要严格明确政治纪律、政治规矩，同时还要求将守纪律、讲规矩放到更加突出的位置。高校思想政治理论课教师尤其要具有强烈的政治规矩和政治意识，严格按照党的要求开展教育教学工作，确保完成党和国家赋予高等教育事业的教育目标。必须坚守道德底线，保证严守政治纪律和法律法规。

高校思政课教师必须严格遵守党的政治纪律，讲政治规矩，带头遵守一系列规章、制度、条例，带头维护社会公共秩序和特殊的职业活动的正常秩序，在党纪国法的规定框架内完成自己的职业活动，践行自己的历史使命。高校思政课教师的工作很多时候是独立完成的，必须慎独，要凭着自己的职业良心自觉完成职业活动，职业良心将从内部规约高校思政课教师履行职业责任，这也是衡量高校思政课教师职业责任的价值尺度。

高校思政课教师要具有高度的政治自觉，才能在任何时候都能从

---

① 《习近平谈治国理政》第2卷，外文出版社2017年版，第155页。

② 《十八大以来重要文献选编》（上），中央文献出版社2014年版，第131—132页。

严要求自己自觉遵守政治纪律，保持党的思想政治工作者良好的政治形象。

高校思政课教师要严明政治纪律，保持共产党人的政治本色。政治纪律是最重要、最根本、最关键的纪律，遵守党的政治纪律是遵守党的全部纪律的重要基础。党的政治纪律是维护党的政治原则、政治方向和政治路线，规范党组织和党员的政治言论、政治行动、政治立场的行为规则，现阶段最直接的要求就是严格遵守《中国共产党廉洁自律准则》和《中国共产党纪律处分条例》。

（七）政治品格

习近平新时代中国特色社会主义思想提出的一系列原创性的治国理政新理念新思想新战略，具有丰富的科学内涵和崇高的理论境界，深刻表达了马克思主义的立场、观点和方法，其中蕴含的理论力量和思想智慧，升华了伟大中国共产党的政治品格和政治优势。2022年，习近平总书记在省部级主要领导干部专题研讨班上发表重要讲话指出：“拥有马克思主义科学理论指导是我们党鲜明的政治品格和强大的政治优势。”①党的十九大报告指出：“十八大以来，国内外形势变化和我国各项事业发展都给我们提出了一个重大时代课题，这就是必须从理论和实践结合上系统回答新时代坚持和发展什么样的中国特色社会主义、怎样坚持和发展中国特色社会主义。”②党的十九届六中

① 《习近平在省部级主要领导干部“学习习近平总书记重要讲话精神，迎接党的二十大”专题研讨班上发表重要讲话强调 高举中国特色社会主义伟大旗帜 奋力谱写全面建设社会主义现代化国家崭新篇章》，《人民日报》2022年7月28日。

② 《决胜全面建成小康社会 夺取新时代中国特色社会主义伟大胜利——习近平同志代表第十八届中央委员会向大会作的报告摘登》，《人民日报》2017年10月19日。

全会通过的《中共中央关于党的百年奋斗重大成就和历史经验的决议》指出:“习近平同志对关系新时代党和国家事业发展的一系列重大理论和实践问题进行了深邃思考和科学判断,就新时代坚持和发展什么样的中国特色社会主义、怎样坚持和发展中国特色社会主义,建设什么样的社会主义现代化强国、怎样建设社会主义现代化强国,建设什么样的长期执政的马克思主义政党、怎样建设长期执政的马克思主义政党等重大时代课题,提出一系列原创性的治国理政新理念新思想新战略,是习近平新时代中国特色社会主义思想的主要创立者。”①

党性是党员、干部立身、立业、立言、立德的基石,党性教育和党性锻炼是党的政治建设的经常性、基础性工作。

高校思政课教师必须永葆对党忠诚的政治品格。要不忘初心,深入学习马克思主义理论特别是习近平新时代中国特色社会主义思想,增强理论自信和道路自信,树立远大的共产主义理想,坚定中国特色社会主义信念。要牢记党全心全意为人民服务的宗旨,把马克思主义群众观点具体落到实处,坚持人民至上。要服从和服务于党的组织,坚决反对阳奉阴违。要勇于奉献、乐于奉献。

二、政治能力

加强政治建设,提升政治能力,必须善于从政治上把握大局、看问题,善于从政治上谋划、部署、推动工作。

提高政治能力本来就是党的政治建设的重要内容。政治能力,就

① 习近平:《中共中央关于党的百年奋斗重大成就和历史经验的决议》,《人民日报》2021年11月17日。

是把握方向、把握大势、把握全局的能力，就是保持政治定力、驾驭政治局面、防范政治风险的能力。全党同志特别是高级干部必须加强政治能力训练，牢固树立政治理想，正确把握政治方向，坚定站稳政治立场，严格遵守政治纪律。要注意加强政治历练，积累政治经验，把政治能力训练贯穿党性锻炼全过程，使自己的政治能力与担当的领导职责相匹配，确保党的事业始终沿着正确的政治方向胜利前进。

高校思政课教师除了具备很强的政治意识以外，还要在长期的教育教学实践中逐步培养能担负起社会主义接班人的政治能力。高校思政课教师都具有高学历，在现实教学科研工作中还要历练积极优秀的政治能力，才能为提高人才质量、准确定位政治方向贡献更多的智慧，这是高校思政课教师的基本功。

高校思政课教师要具备扎实过硬的职业作风才能应对各种复杂的情况，在各类政治环境中能始终保持清醒的头脑，处变不惊，圆满完成教育教学任务。高校思政课教师必须历练以下政治能力。

（一）深厚的马列主义理论功底

高校思政课教师必须积淀深厚的马列主义理论功底。2016年，习近平总书记在全国高校思想政治工作会议上指出："教师是人类灵魂的工程师，承担着神圣使命。传道者自己首先要明道、信道。"[①]高校思政课教师要确立大境界、大胸怀、大格局，让自己更加出色，才能担负起教育人培养人的重任。

高校思政课教师是坚定的马克思主义理论传播者。与其他课程相比，高校的思想政治理论课除了传授给学生相关学科理论知识以

① 习近平：《把思想政治工作贯穿教育教学全过程》，新华社2016年12月8日。

外，还要对学生进行思想政治教育，即通常所说的既教书又育人。思想政治理论课的育人功能表现在，对学生开展马克思主义理论的专题灌输，教育学生学会运用马克思主义世界观方法论解决实际问题，建立以马克思主义为指导的世界观、人生观、价值观，引导学生树立坚定的马克思主义理想信念，为把学生培养成能适应新时代发展需要的高素质人才作好政治上的准备。只有自己把“真经”读透了，理解深了，教学才可能游刃有余、出神入化，才能让学生信其师。高校思政课教师只有练就了深厚的马克思主义理论功底，才能帮助学生提高运用马克思主义的立场观点和方法认识世界和改造世界的能力，高校思政课教师必须坚守立德树人的根本价值取向，提升学生的政治素质。

高校思政课教师在教育教学的职业活动中应该遵循马克思主义理论宣传员的职业行为准则。高校思政课教师要有从事思政课教学必备的相关知识，要根据时代的进步和需要，不断丰富自己的知识结构，特别是要加深扎实的马克思主义理论功底。具备了丰富的马克思主义理论知识，才能在长期的教学实践中逐步培养得心应手的驾驭思政课教材的能力，才能在课堂教学中灵活使用多种教学方法，把静止的、总会滞后于现实的教材转化为鲜活的、紧密联系当前实际的教学内容，充分吸引学生的注意力，不断调动学生学习的积极性和兴趣，提高课堂教学效果。高校思政课教师要在完成教学任务的同时，潜心开展科学研究和教学研究，把最新的研究成果用于教学，提高教书育人的含金量。

高校思想政治理论课教师要坚持不懈地刻苦研读马克思主义理论，强化理论素养，坚定马克思主义信念，要始终坚信只有马克思主义理论与中国具体实践相结合才能解决中国的具体问题，只有中国共产党才能领导我们这样一个伟大的社会主义中国实现中华民族的伟大复兴。

高校思想政治理论课教师必须树立坚定的政治信念，才能教育好学生，才能在课堂教育教学中向学生正确传播马克思主义理论的政治观点，准确解读马克思主义理论的精神实质，才能理直气壮、信心百倍地做好马克思主义理论的宣传员，才能引导学生真学、真懂、真信马克思主义，教育学生自觉把个人理想追求同国家命运和民族发展紧紧联系在一起。

（二）熟练的信息处理能力

高校思想政治理论课教师要增强政治敏锐性和政治鉴别力，防范政治风险，提高信息处理能力。高校思想政治理论课教师要时刻绷紧思想上的弦，始终保持警惕，永葆政治本色，提高分析问题、解决问题的政治能力。要坚持“五个必须”，严防“七个有之”，坚决同各种违背原则、违反党纪党规、损害党中央权威现象作斗争，提高政治本领和斗争艺术，增强斗争精神，强化政治担当，善于斗争。要有高超的应用新媒体的能力，充分运用大数据新技术获取信息，积极有效利用新媒体最先进的传播手段有效实现政治传播。

高校思政课教师在信息大潮中首先要有政治敏感，要强化政治素养，提高自身信息处理能力，提升信息附加值，有意识地向学生传播正向信息。面对全媒体时代的海量信息，思政课教师要以火眼金睛加以识别，始终保持政治意识、大局意识、责任意识，及时制止错误思潮给学生带来的侵袭，引导学生去伪存真、追求真相，传播真善美，揭露假丑恶，提高分析问题解决问题的能力，帮助学生树立正确的价值取向。

高校思政课教师要提高风险处置能力。随着信息化浪潮席卷到世界的每个角落，由于信息传播而产生的政治风险日益增多，高校思政课教师要时刻准备着，做好防范和化解各种重大风险的准备，及时阻断不同领域风险转换通道，要防止高等院校里的非公共性风险扩大为公共性风险，更要杜绝非政治性风险演变为政治风险。高校思政课教师要为高等院校建立校园舆情应急预警机制尽力贡献自己的力量，要防患于未然。

（三）高尚的人格魅力

习近平总书记要求思想政治理论课教师“人格要正，有人格，才有吸引力。亲其师，才能信其道。要有堂堂正正的人格，用高尚的人格感染学生、赢得学生，用真理的力量感召学生，以深厚的理论功底赢得学生，自觉做为学为人的表率，做让学生喜爱的人”①。教师必须为人师表、以身作则、成为优秀道德品质的典范，亲力亲为以自己高尚的言行有力回击不正之风和社会固有的假丑恶，以高尚的人格魅力为学生作出表率，为学生传播真善美，不辜负历史赋予思想政治理论课教师的伟大使命。

桃李不言，下自成蹊。高校思政课教师要注意严格自律，逐步养成符合社会主义核心价值观的人格魅力，才能有足够的实力去感化学生。高校思政课教师要力争使自己在性格、气质、能力和道德品质等方面磨砺得更加出色，以增强自己的个人魅力，使自己更能受到学生的认同和欢迎，从而让自己所讲授的内容更易让学生接受。高校思政课教师要对学生表达慈爱、宽容和善良，要充分关注学生的思想状况，抓住每点苗头，及时开展思想政治教育，才能取得良好的教育效果。

教师的人格魅力是学生成长的重要保证，是教师在学生中建立威

① 习近平：《用新时代中国特色社会主义思想铸魂育人 贯彻党的教育方针落实立德树人根本任务》，《人民日报》2019年3月19日。

信的重要基础。教师不仅要向学生讲授知识，更要向学生说明做人的道理。中国特色社会主义进入新时代以后，新的局面、新的态势必然要求思想政治理论课教师具有崭新的思维，同时将思想政治理论课教师的人格魅力与习近平总书记的“六要”有机融合，用高尚的人格魅力影响学生的情绪，叩击学生的心灵，感染学生的精神面貌。

（四）灵活的斗争艺术

高校思政课教师要充分发扬斗争精神，强化政治担当，敢于亮剑、善于斗争，提升斗争艺术。对违反政治纪律、危害政治安全的行为坚决抵制，做勇于斗争的“战士”，不做爱惜羽毛的“绅士”，不能对挑战政治底线的错误言论和不良风气听之任之、逃避责任、失职失察。

高校思政课教师要明辨是非，始终恪守党的基本原则，要经受得起任何诱惑，不能被表面现象所蒙蔽，特别是在看似客观的信息传播环节中，面对传播的信息要保持清醒的头脑，要有政治觉悟。

习近平总书记强调：“增强党内政治生活的战斗性，就是党内政治生活要旗帜鲜明坚持真理、修正错误，勇于开展批评和自我批评，使每个党组织都成为激浊扬清的战斗堡垒，使每个党员都成为扶正祛邪的战斗员。”必须禁止搞任何形式的“低级红”“高级黑”，坚决反对做“两面人”、搞两面派、搞“伪忠诚”。[①]要增强斗争本领，及时消除各种政治隐患。

着力增强党内政治生活的战斗性是严肃党内政治生活的重要遵

① 《习近平在省部级主要领导干部学习贯彻十八届六中全会精神专题研讨班开班式上发表重要讲话强调 以解决突出问题为突破口和主抓手 推动党的十八届六中全会精神落到实处》，《人民日报》2017年2月14日。

循。高校思政课教师要尽可能寻找一切渠道全面提升自己的综合素养,特别是要根据时代发展的需要,逐步强化政治素质。

高校思政课教师要从政治意识和政治能力这两大方面狠下功夫,从严要求自己,才能不断提升政治素质。

第三章　高校思政课教师政治素质的发展

在我国革命、建设、改革各个历史时期，我们党都对思政课都作出过重要部署，高校思政课教师的政治素质也实现了长足发展。

第一节　高校思政课教师政治素质的发展历史

中国共产党一贯高度关注思政课教师的政治素质，这也是党的思想政治建设的重要内容。中国共产党始终坚持把马克思主义基本原理同中国具体实际相结合，在不同时期的实践中发展马克思主义，逐步形成了毛泽东思想、邓小平理论、“三个代表”重要思想、科学发展观和习近平新时代中国特色社会主义思想等先进的马克思主义中国化理论。中国共产党在不同时期运用这些先进的指导思想和被实践证明了的科学理论来指导高校教师的思想政治教育，武装教师的头脑，开拓教师的视野，同时还在这些思想理论的引领下对教师进行政治、道德等各方面素质的提升，丰富教师思想政治教育的内容。

中国共产党自建党以来就非常重视高等院校思想政治理论课程队伍建设。

一、新中国成立前党领导下的高校思政课教师政治素质

这一历史时期的党领导下的高校思政课教师群体，主要指从中国共产党建党以来到新中国成立这一段时间内在党的领导下从事高校政治理论课教学的教师群体。这一批授课群体主要负责传播马克思主义理论、宣传中国共产党的伟大历史使命。

（一）党的主要创始人充实思政课教师群体

这一特殊时期的党领导下的高校思政课教师群体来源比较特殊，其中有相当一部分授课人是毛泽东、吴玉章、林伯渠、陈云等中国共产党的主要创始人，另一部分是专职教师。当时的党领导下的高等院校主要指在延安时期成立的中国人民抗日军政大学、中央党校、鲁迅艺术学院、陕北公学、延安大学等。

1934年红军第一次全国政治会议、1944年党的西北局高级干部会议等历次会议和革命战争实践，丰富发展了“生命线”的论述，进而形成了“政治工作是完成党的政治任务的基础和保障”这一重要观点。

由于当时条件所限，这一时期党领导下的高校的部分教师缺乏系统的马列主义理论教育训练，理论水平有些欠缺。但是，由于毛泽东同志等人的严格要求和多次亲自示范辅导，这些教师都能顺利完成思想政治理论课教学任务。当时，这些课程的教学为提高党的干部战士的政治素质、鼓舞大家的士气发挥了重要作用。这些课程的形式包括课堂教学和政治报告，为团结大家共同投身于伟大的革命事业、解放

全中国作出了重要贡献，产生了巨大的精神动力。为满足大家学习马列主义理论的迫切需求，当年的延安已成立了很多干部学校，中央规定："凡地委及团级以上干部的教育，应由中央委员及中央各机关负责同志亲身担任指导。"[①]

在如此强大的政策支持和指导下，中国共产党培养了一批优秀的马克思主义理论教育、研究和宣传骨干队伍，这些队伍的积极工作又进一步增强了马列主义主义理论教育的强大影响力。

毛泽东同志对中国人民抗日军事政治大学（前身为红军大学，最初名为中国抗日红军大学，1937年1月改名为中国人民抗日军事政治大学，简称"抗大"）教师提出具体要求。他勉励来自社会各个方面的"抗大"教师，首要的是提高马克思主义理论水平，要用共产主义的立场和方法去"观察问题、研究学问、处理工作、训练干部"[②]，通过思想斗争提高政治水平和鉴别是非的能力，把感情冲动、粗暴浮躁、没有耐心等小资产阶级意识磨个精光，把自己变成一把雪亮的利刃，去创造新社会，去打倒日本帝国主义。当时的教育体制特别强调教师要讲政治，又红又专，德才兼备，反对不问政治的倾向，教育者首先应当受教育。对从事理想信念教育的工作者在政治方面有很高的要求，比如，特别重视考察教师的政治成分、政治背景、政治面目、政治品行等，否则宁肯停办学校。

1940年2月，《中央关于办理党校的指示》对于党校授课教师的身份提出明确要求：党委必须慎重选择教授人才，学校要配专任教员；学

① 《老解放区教育资料（二）抗日战争时期》（上册），教育科学出版社1986年版，第239页。

② 《毛泽东选集》第2卷，人民出版社1991年版，第705页。

校所在地党的领导机关的负责同志,必须有计划地经常地到学校作报告,能够任课的必须担任授课教师。

正是由于党组织对教育者队伍严格要求,所以“抗大”取得了很好的教学效果,有效提高了广大受教育者的政治觉悟。教育工作者自己本身就是理想信念坚定的模范,能够以高尚的道德品格影响学员。他们的授课对参训学员提高政治觉悟、增强理想信念起到了重要作用。

(二)根据革命需要调整课程

政治理论教育,首要的是把党的最新方针政策、指示等列入教育内容,这对了解时事大势、坚定正确政治方向至关重要,无疑既是理想信念教育的重要路径,也是该时期理想信念教育能够成功的根本因素。

在具体实践中,一个重要表现就是在教育内容上特别强调策略教育,始终做到与中央各种指示精神一致。党中央明确指出,着重加强干部的策略教育,提高干部的策略知识水准,使他们能够正确地、灵活地运用党的策略,又能够去教育一般党员。策略教育的材料有两部分:一是日常政策,包括党中央的决议、决定、宣言及关于实际策略的各种指示,党中央领导同志的讲演、报告、论文等,党报(《解放》《共产党人》《新中华报》等)的重要文章;二是基本理论,包括各种基本课程,如中国问题、党的建设、联共(布)党史、马列主义、世界革命史等课程中关于策略的部分或方面。显而易见,当时对党的方针政策教育有着高标准和严要求,确保了党员干部对党中央大政方针的学深悟透和全面理解,做到了旗帜鲜明讲政治。

延安时期的学校非常重视政治课,学校普遍强调除了业务教育之外,还需要另一种教育——政治教育。这是从事各种业务的人都要接受的教育。1942年2月28日,中共中央政治局通过的《中共中央关于在职干部教育的决定》指出："好谈一般政治而忽视专门业务的倾向是不对的，但局限于专门业务，而忽视一般政治的倾向，也是不对的。"[①]

毛泽东同志曾就"抗大"分校政治课程设置的问题指出："在政治课课程内容上，必须教列宁主义，这是政治上武装他们头脑的很基本的问题。"[②]"抗大"坚持以马克思列宁主义基础理论课程作为政治教育的基本内容，"始终不变"。[③]"抗大"先后开设的思想政治理论课有马列主义基本原理、哲学、政治经济学、中国革命史、联共党史、民运工作、中国问题、日本研究、时事政策等。以艺术教育为主的鲁迅艺术学院，开设了中国革命与中国共产党、毛泽东思想、文艺新方向、文艺工作等政治理论课和文艺理论课。所开设的政治课"时间安排几乎占有四分之一的学时"，[④]延安大学的政治必修课有中国通史、中国政治、中国经济、思想方法、三民主义、中国革命史、革命人生观等。

在革命战争年代，党领导下的高校紧密结合新形势新任务，围绕党的中心任务及时开展理想信念教育。如在全面抗战爆发以后，针对影响抗日情绪的速胜论与亡国论，毛泽东同志发表《论持久战》，还到各学校作报告或讲授课程，党内其他干部或教员也围绕持久战进行阐释，使广大党员干部乃至人民大众对抗战的前途信心倍增，极大鼓舞了抗战必胜的志气。许多干部听完思想上豁然开朗，理论上坚定了抗

---

① 《中共中央关于在职干部教育的决定》，《解放日报》1942年3月10日。

② 中共中央文献研究室：《毛泽东著作专题摘编》，中央文献出版社2003年版，第1257页。

③ 中国人民解放军国防大学：《中国人民抗日军事政治大学史》，国防大学出版社2000年版，第333页。

④ 钟敬之：《延安鲁迅艺术学院概貌侧记》，《新文学史料》1982年第2期。

战必胜的信念，增强了不畏风险、持久战斗的信心和决心。党的七大制定了正确的路线，中央及时对七大制定的路线方针政策进行了全面宣传，广大党员干部对新民主主义道路、理论、制度以及文化有着高度的自信。毛泽东同志还专门在七大闭幕会上讲了愚公移山的典故，号召同志们为了伟大目标不懈奋斗，进一步增强了理想信念教育效果。当时，所有部队、军事学校、军事训练班，地方各类学校，也都以七大文件和精神、毛泽东同志在七大上的讲话等作为基本教材，以便在思想上武装头脑。

毛泽东同志要求知识分子和青年学生除了学习专业以外，还应该学习马克思主义，学习时事政治，逐步地树立共产主义的世界观，培养为人民服务的思想，发扬艰苦奋斗的作风。1939年5月，毛泽东同志在《抗大三周年纪念》的文章中指出："抗大制定的教育方针是：坚定正确的政治方向，艰苦朴素的工作作风，灵活机动的战略战术。这三者，是造成一个抗日的革命的军人所不可缺一的。"[①]毛泽东同志把"坚定正确的政治方向"放在首位。坚定正确的政治方向，是毛泽东同志为"抗大"亲自制定的第一条教育方针，为中国人民抗日军政大学的建设指明了办学方向。"抗大"从总部到各级分校，始终都坚定不移地贯彻执行这一教育方针，从而为革命事业造就出一批批杰出的人才，保证我党我军最终取得了抗日战争的伟大胜利。

（三）毛泽东同志亲自讲授政治课

毛泽东同志将思想政治工作视为生命线，十分关注和重视高校政治课，亲自到"抗大"等学校授课或主讲政治报告。

---

① 《中国人民抗日军事政治大学史》，国防大学出版社2000年版，第54页。

毛泽东同志的授课方法和授课技巧,对于增强思想政治理论课的吸引力、影响力和亲和力,是有重要价值的,特别值得高校思想政治课教师深入学习。为了上好政治课,在上课之前,毛泽东同志会仔细研究学生多方面的情况,针对学生的特点精心备课,亲自准备教案,在上课时特别注重教学方法,讲究语言艺术,授课语言生动活泼、幽默风趣,深受学生们的欢迎,取得了良好的教学效果。毛泽东同志的教学艺术对于今天的高校教师如何讲好思想政治理论课仍然是很有借鉴意义的。

第一次大革命时期,毛泽东同志在广州主持第六届农民运动讲习所工作。毛泽东同志讲授了"中国农民问题"和"农村教育问题"两门课程。后来,在武昌中央农民运动讲习所,毛泽东同志又讲授中国社会各阶级的分析、农民问题、农村教育、湖南农民运动考察报告等课程。

井冈山革命斗争时期,毛泽东同志给红军教导队上政治课。

中央苏区时期,毛泽东同志经常去苏维埃大学和马克思共产主义学校为学员分别讲授"乡苏维埃怎样进行工作"和"苏维埃运动史"等课程。《乡苏维埃怎样进行工作》一文就是毛泽东同志给学员授课的讲稿。

抗日战争时期,毛泽东同志经常到延安的中国人民抗日军政大学等多所高校讲授政治理论课程,还经常给延安各高校的师生做政治形势报告,宣讲当时的形势,鼓励大家积极投身于伟大的、正义的革命事业。从1936年10月27日至"西安事变"发生,毛泽东同志在中国人民抗日红军大学开设并讲授了"中国革命战争的战略问题"课程(后来在延安出版的《中国革命战争的战略问题》一书就是以这一课程的授课内容为基础加以整理的)。

毛泽东同志在"抗大"上课的次数最多。1937年4月至8月,毛泽东同志又在“抗大”开设讲授辩证唯物论哲学课程，每周二、四上午上课，每次4学时，下午参加学员讨论，总课时达到110多学时。后来出版的《矛盾论》《实践论》等名篇就是《辩证唯物论》讲稿中总结出的主要论点。1960年，毛泽东同志曾对身边工作人员兴奋地回忆起他在“抗大”当哲学教师的情况：“写《实践论》《矛盾论》，是为了给抗大讲课。他们请我讲课，我也愿意去当教员。去讲课，可以总结革命的经验。”①

毛泽东同志在陕北公学讲过“中国宪政运动”和“青年运动的方向”。在给学员讲国内国际形势时，形象地列出了中国抗战胜利的公式：中国的团结＋世界的援助＋日本国内的困难＝中国的胜利。②毛泽东同志还多次到鲁迅艺术学院讲课和作政治报告，强调艺术在革命工作中的重要性，要求文艺工作者要成为真正的革命文艺工作者，不仅要在“小鲁艺”学习，还要到大“鲁艺”去学习，必须深入到工农群众中，深入到火热的抗战生活之中，努力改造自己的世界观，创造出被人民群众所喜闻乐见的文艺作品。③毛泽东同志还把自己的这些授课经历写进自己的文章，如，在《时局问题及其他》一文中曾经提到：1937年、1938年，那时不太忙，给青年学生三天一小讲，五天一大讲。④

为了保证共产党对高校的绝对领导，确保高校政治课的首要政治地位和教学质量，延安时期许多高校的负责人都是直接由中央决定任

① 中共中央党史研究室编《中共党史资料第46辑》，中共党史出版社1993年版，第1页。

② 吴云才：《毛泽东关于青年思想政治教育的理论与实践》，《湖南社会科学》2012年第2期。

③ 曲士培：《抗日战争时期解放区高等教育》，北京大学出版社1985年版，第81页。

④ 吴云才：《毛泽东关于青年思想政治教育的理论与实践》，《湖南社会科学》2012年第2期。

命人选或由中央领导、军事领袖、著名教育家直接担任（或兼任）。毛泽东同志亲自兼任“抗大”教育委员会主席，并兼任“鲁艺”院长，王明担任中国女子大学校长，吴玉章为延安大学校长，成仿吾任陕北公学校长、林伯渠任行政学院院长、陈云任泽东青干校校长、周扬任“鲁艺”院长（后任延大第二任校长）等。在毛泽东同志的亲自指引和谋划下，周恩来、朱德、张闻天等中央领导人还经常到各高校作政治报告，有的领导还被高校聘为兼职政治教员。例如，在延安马列主义学院，“毛泽东同志讲《中国革命战争的策略问题》；刘少奇讲《论共产党员的修养》；周恩来讲《抗日民族统一战线》；洛甫讲《待人接物》；陈云讲《党的建设》；李维汉讲《民族问题》……”[①]

这些具有伟大革命情怀和丰富革命经验的高级领导人加入政治课教师队伍中，极大提升了政治课强大的影响力。

一方面，对干部学校作为主渠道主阵地的作用高度重视。毛泽东同志给抗大的指示中明确指出了办学校和培养抗日干部是增加抗战力量的最好最有效的方法。他在《论政策》中指出：“每个根据地都要尽可能地开办大规模的干部学校，越大越多越好。”[②]中央也发布了很多关于干部学校的指示。如《中央关于办理党校的指示》、《关于延安干部学校的决定》等，都对干部学校在理想信念教育中的地位作用作了强调。另一方面，非常重视广泛宣传身边典型模范先进事迹，把学习英雄模范作为凝聚理想信念的一个重要载体，引导广大党员干部自觉向先进典型学习，注重细节小事，树立起用通俗的语言和普通人物

① 陕西省政协文史资料委员会：《陕西文史资料》（第10辑），陕西人民出版社1981年版，第210—220页。

② 《毛泽东选集》第2卷，人民出版社1991年版，第769页。

的先进事迹进行理想信念教育的典范。同时，通过展览、庆祝等活动，宣传党的主张，展示根据地建设的成就，增强广大党员干部的革命积极性和为理想信念奋斗的巨大动力。

毛泽东同志对高校教师政治上的要求是非常严格的。新中国成立后，毛泽东同志明确指出，“没有正确的政治观点，就等于没有灵魂。”①“思想和政治又是统帅，是灵魂。”②

在社会主义革命和建设时期，毛泽东同志将包括教师在内的知识分子看作是“国家和社会的宝贵的财富”，需要大批具有“为人民服务”的“大批的人民教育家和教师”。③新中国成立初期，在文化教育战线和各种知识分子中，广泛地开展了一个自我教育和自我改造运动。毛泽东同志要求包括教师在内的知识分子通过思想改造这个自我教育和自我改造运动，学习马克思主义，确立无产阶级世界观。当时，毛泽东同志非常支持北京大学校长马寅初发起的教师思想改造运动。他指出，教师思想改造的根本点，是要彻底抛弃轻视工农大众的错误观点，牢固树立与工农结合的自觉意识，“他们应该继续努力，逐步地学好马克思列宁主义，使自己具备正确的政治观点”。④

毛泽东同志在社会主义时期提出了，“我们的教育方针，应该使受教育者在德育、智育、体育几方面都得到发展，成为有社会主义觉悟的有文化的劳动者”⑤。并对德育、智育、体育分别提出明确的要求。在德育方面，他指出，学校应该把坚定正确的政治方向放在首位。

① 《毛泽东文集》第7卷，人民出版社1999年版，第226页。

② 《毛泽东文集》第7卷，人民出版社1999年版，第351页。

③ 《毛泽东文集》第3卷，人民出版社1996年版，第1031页。

④ 《毛泽东周恩来刘少奇邓小平论教育》，人民教育出版社1994年版，第109页。

⑤ 《毛泽东选集》第5卷，人民出版社1978年版，第385页。

1961年，中宣部和高教部联名组织编写高等学校文科教材，艾思奇任哲学专业组组长，主编《辩证唯物主义历史唯物主义》一书。编写过程中，他和参与编写工作的同志力求准确、简明，无论从总体结构到各章内容，从基本观点到材料的选用，都逐章逐节、逐字逐句地修改。这本书坚持了理论联系实际的原则，用马克思主义哲学原理分析、说明问题，联系实际斗争经验，批判了各种错误的哲学思想，是新中国第一本较为系统地论述马克思主义哲学基本原理的教科书，受到广大师生的好评。他亲自抓党校自然辩证法班的教学，先后讲授了恩格斯的《自然辩证法》《反杜林论》中的有关篇章。在他的指导下，中央党校编写了我国第一部比较完整系统的自然辩证法著作——《自然辩证法提纲》，并培养了一批研究自然辩证法的骨干人才。

（四）毛泽东十分讲究政治课教学方法

毛泽东同志十分重视政治课的教学方法，并在长期的教学实践中不断总结、提炼和完善。毛泽东同志关于高校政治课的教学方法主要有以下几类。

1.理论联系实际

抗战初期的延安高校政治课教学不太注重结合实际："教哲学的不引导学生研究中国革命的逻辑，教经济学的不引导学生研究中国经济的特点，教政治学的不引导学生研究中国革命的策略，教军事学的不引导学生研究适合中国特点的战略和战术"[①]。在《改造我们的学习》的报告中，毛泽东同志严肃批评了当时根据地学校教育中存在

① 《毛泽东选集》第3卷，人民出版社1991年版，第798页。

的这些问题。有些学员死记硬背课本,学习方法教条化,机械硬套马克思主义经典作家的理论,忽视了诸多因素。毛泽东同志指出:“对于马克思主义理论,要能够精通它、应用它,精通的目的全在于应用。”[①]

毛泽东同志强调要努力增强高校政治课的效果,就要结合实际授课。高校政治课要坚持“有的放矢”[②],结合实际讲,才有吸引力。政治课这门课程极富时代感,讲好这门课程必须坚持理论联系实际的原则,特别是要密切联系各个历史时期的中国实际。理论联系实际是马克思主义理论教育必须遵循的首要原则。教师讲政治课如果脱离实际,就会言之无物,学生听起来也会索然无味,如同嚼蜡,教学内容也无法让学生真正接受。

在毛泽东同志的倡导下,延安时期高校都坚持教学联系实际的方法,反对脱离实际的教条主义。1941年12月17日,中共中央政治局通过的《中共中央关于延安干部学校的决定》规定:“凡担任学校教育工作的同志,均应认真的研究教课内容与教学方法,使理论与实际一致的原则,在教课内容与教学方法中贯彻起来。”[③]。“抗大”也要求政治教员“都必须特别注意到与当前中国革命运动相联系,以及与学生所切身经验过或者所能体贴到的许多实际工作实际斗争相联系”[④]。《鲁迅艺术文学院教育计划及实施方案》规定:“理论课的讲授……注意联系

① 《毛泽东选集》第3卷,人民出版社1991年版,第815页。

② 潘洪声等:《毛泽东幽默趣谈》,山东人民出版社2000年版,第88页。

③ 《中共中央关于延安干部学校的决定》,《解放日报》1941年12月20日。

④ 曲士培:《抗日战争时期解放区高等教育》,北京大学出版社1985年版,第155页。

当前政治上文化上的具体策略问题。”[①]鲁迅艺术学院还提出，“本院以理论与实践的统一为教学之最高原则”，[②]并且明确规定教员在讲政治理论课时，要“力求材料丰富具体，并注意联系当前政治上文化上的具体策略问题，反对主观主义和宗派主义”。[③]

2.因材施教

毛泽东同志开展教学一贯注重根据学员的实际情况开展教学。早在湖南一师创办工人夜校期间，他就反对教员不考虑学生实际的教学方法。[④]毛泽东同志强调指出：“在教学方法上，教员要根据学生的情况来讲课。……教员也要跟学生学，不能光教学生……就是教员先向学生学七分，了解学生的历史、个性和需要，然后再拿三分去教学生。”[⑤]“教员不根据学生要求学什么东西，全凭自己教，这个方法是不行的。”[⑥]毛泽东同志主张要通过调查研究，尽量详细掌握被教育者的实际，才能进行有的放矢的教学。毛泽东同志指出：“做宣传工作的人，对于自己的宣传对象没有调查，没有研究，没有分析，乱讲一顿，是万万不行的。”[⑦]

毛泽东同志在中国人民抗日红军大学讲授《中国革命战争的战略问题》时，每次讲课前一天的夜里，他都在红大窑洞附近的大树前挂上

① 王培元：《抗战时期的延安鲁艺》，广西师范大学出版社1999年版，第36页。

② 王培元：《延安鲁艺风云录》，广西师范大学出版社2004年版，第36页。

③ 王培元：《抗战时期的延安鲁艺》，广西师范大学出版社1999年版，第36页。

④ 张健：《毛泽东的教育实践》，北京教育出版社1993年版，第55页。

⑤《毛泽东文集》第3卷，人民出版社1996年版，第116页。

⑥ 中华人民共和国教育部、中共中央文献研究室：《毛泽东邓小平江泽民论教育》，中央文献出版社、人民教育出版社、北京师范大学出版社2002年版，第39页。

⑦《毛泽东选集》第3卷，人民出版社1991年版，第837页。

马灯，请来学员、干部了解情况。[①]

毛泽东同志在“抗大”任教时，每次都是讲半天时间，连课间休息的20分钟时间也充分利用起来，主动找学员交谈拉家常，了解学员的思想观念和文化水平，以及他们来延安以前所在地区的情况，同时也征求大家对他讲课的感受和建议。通过跟大家谈心获取的这些丰富信息使他在授课时更能胸有成竹地针对学员的不同情况采取不同教学方法，也更能有针对性地使用不同风格的授课语言，有侧重性地选取讲课内容，这样的授课方式更容易让学生理解并直接内化为自己的思想和行动，教育效果很不错。

在毛泽东同志的影响下，“抗大”也随之改进了教学。“抗大”开始鼓励广大教师针对学员的不同情况采取不同的教学方法。“抗大”政治课设置比较机动灵活，政治课的课程设置根据不同教育对象的文化水平和工作需求，安排不同的学习内容。“对于地方知识青年，我们第一是要进行思想教育（马列主义基本思想），培养他们革命的人生观和世界观，争取他们来为工农服务。第二是要进行时事政策教育，使他们认识到拥护党的各种政策。”[②]中央要求专门技术人才这样的干部群体也要接受政治理论教育，只是要求可以适当放低。按照初、中、高三个等级设置不同学习内容的政治课程，安排给有战斗经验的这类干部群体学习，“他们的政治学习，只是为了使他们不从中国一般现实生活与政治斗争孤立起来，而使他们成为民族、民主革命的积极参加者，使他

① 黄栋法：《导师情——毛泽东与抗大》，《党史纵横》1996年第7期。

② 洪学智，薛暮桥主编：《华中抗日革命熔炉》，华夏出版社1987年版，第72页。

们成为专门家的革命家。”[①]

3. 民主的方法

高校政治课主要是对学生进行思想政治教育，必须采取民主的方法，即说服教育的方法，使受教育者真正做到口服、心服，从内心接受，才能达到目的。“思想政治工作说到底是做人的工作。”[②]而做人的思想工作并非是一朝一夕可以见效的，不能企图上几次课，开几次会，就把人们的“思想意识改变过来”[③]。毛泽东同志指出，思想政治教育是一个长期的、耐心的、细致的过程，“应当耐心地做工作，不能急躁”[④]。不能靠简单、粗暴的方式可以达到目的的，如果这样做，“不但没有效力，而且是有害的。”[⑤]“只能用民主的方法去解决，只能用讨论的方法、批评的方法、说服教育的方法去解决”。[⑥]毛泽东同志强调：“对知识青年进行政治工作，必须采取民主方式，使他们能够把自己所感受和所认识的问题不加丝毫伪装和隐瞒，全部反映出来；在任何政治问题、学术问题的讨论中，都能毫无顾虑地发表自己的意见，从而看到他们的全部思想、观点、影响和习惯等，然后给以正确的引导。这是转变知识青

① 中央档案馆编：《中共中央文件选集》第11册，中共中央党校出版社1986年版，第779页。

② 陈登才：《中国共产党思想政治工作史》，湖南人民出版社2001年版，第75页。

③ 中央党校工农兵学哲学调查组编：《学会使用唯物辩证法》，人民出版社1971年版，第89页。

④《毛泽东邓小平江泽民论教育》，人民教育出版社2002年版，第176页。

⑤《毛泽东文集》第7卷，人民出版社1999年版，第209页。

⑥ 中共中央党校科研办公室本书编写组编：《毛泽东思想原理讲话》，中国青年出版社1983年版，第129页。

年思想的前提。不能强行压制和乱戴大帽子。"[①]毛泽东同志在"抗大"讲课时,从不以势压人,从不简单粗暴地对待学员的思想问题,而是用民主的方式向学生摆事实、讲道理,寓情于理、情理交融,从而真正解决学生的思想问题,达到教育人的目的。

4.启发式的教学方法

为了提高学生学习兴趣,增强教学效果,毛泽东同志一贯倡导学校政治课要用"启发式""研究式""实验式"等教学方法,不主张用注入式、填鸭式、单一的、被动式的、灌输式的教学方法。

1941年12月,中共中央在《关于延安干部学校的决定》中明确规定:"在教学方法中,应坚决采取启发的、研究的、实验的方式发展学生在学习中的主动性与创造性。"[②]毛泽东同志在农民运动讲习所讲课时,经常采用"启发式"教学方法,而拒绝注入式教学方法。毛泽东同志后来回忆他在"抗大"讲课和作报告时说:"我过去在抗大讲课的时候,就是把讲稿发给学员,我只讲三十分钟,让学员自己去研究,然后提出问题,教员解答。"[③]毛泽东同志在"抗大"营造的讲课氛围特别活跃,他每次讲完自己准备的内容后,还鼓励学员写条子提问题,他积极给予现场解答,让学员受益匪浅。据当时的同学回忆说:毛泽东同志上课,不像一般教员那样咬文嚼字讲得多,主要让学生自学,学生有不懂或有疑问的地方,就写条子给他,他在一定时间作统一解答。因为

① 曲士培:《中国大学教育发展史》,北京大学出版社2006年版,第326页。

② 中共中央政治局:《中共中央关于延安干部学校的决定》,《解放日报》1941年12月20日。

③ 黄栋法:《导师情——毛泽东与抗大》,《党史纵横》1996年第7期。

讲得十分精彩、生动，他一上课，教室里总是坐得满满的。[①]

“抗大”在毛泽东同志的具体指导和影响下，授课方式基本上普遍采取了“启发式”发展学生在学习中的主动性与创造性，延安时期高校在教学方法中，改变了旧学校“填鸭式”的教学方法，“不是注入式，不是讲演式，也不是简单的问答式。”[②]这种全新的教学模式极大地提高了教学效果。

5.出色的授课语言艺术

语言是传播思想观念的重要媒介，更是教育教学的重要手段。在政治理论课教学中，合理运用语言，能够有效提升教学效果。高超的语言艺术能充分吸引学生的注意力，反之至多只能让学生一个耳朵进、一个耳朵出。

毛泽东同志相当重视授课语言艺术，他的语言生动幽默，简洁形象，非常有感染力。“在语言运用上，毛泽东同志既是高超的理论家，更是卓越的实践者。”[③]抗战时期，毛泽东同志为中国人民抗日军政大学题写了“坚定正确的政治方向，艰苦朴素的工作作风，灵活机动的战略战术”的校训，他曾用《西游记》中的人物故事对此做出生动解读：唐僧这个人，一心一意去西天取经，遭受了九九八十一难，百折不回，他的方向是坚定不移的。但他也有缺点，麻痹、警惕性不高，敌人换个花样就不认识了。猪八戒有许多缺点，但有一个优点，就是能吃苦。孙猴

---

① 孙海林等：《毛泽东早期教育实践与教育思想概论》，中南大学出版社2008年版，第239页。

② 中国延安干部学院编：《延安时期资料选编》（干部教育卷），中国延安干部学院出版社2011年版，第233页。

③ 邢福义：《毛泽东著作语言论析》，湖北教育出版社1993年版，第294页。

子很灵活，很机动，但是他最大的缺点就是方向不坚定，三心二意……毛泽东同志还特别提到那匹白马：它不图名利，埋头苦干，把唐僧一直驮到西天，把经取了回来，这是一种朴素、踏实的作风。[①]毛泽东同志在“抗大”上课时，曾讲到我们有的指挥员，对情况不加分析，别人一鼓动就来了劲，结果事与愿违，成了鲁莽家。有的人越听越感到，毛泽东同志讲的像自己曾指挥过的一次失利的战况，于是，一个学员没等毛泽东同志讲完，就站起来说：主席讲的是我，今后我一定克服鲁莽的毛病。接着，又一个学员说，不！主席讲的是我。从此，“不当鲁莽家，要作勇敢而明智的英雄”成了“抗大”学员的座右铭，取得了良好的效果。[②]

毛泽东同志的讲课语言生动活泼，通俗易懂，形式多样。他在讲课时把日本鬼子侵略中国比作一头疯牛冲进中国，我们正面和他直接对抗暂时抗不过，怎么办？靠持久战、游击战和全民族抗战，有扳牛头的，有拽牛尾巴的，有薅牛毛的，有砍牛蹄子的，最后的结果是这头疯牛必死无疑。[③]在“抗大”讲哲学时，毛泽东同志经常引用“要知道梨子的滋味，就得亲口尝一尝”之类的俚语来讲解深奥的哲学理论，用鸡蛋被孵化成小鸡的过程来解说内因决定外因的辩证唯物主义观点。毛泽东同志在讲述“集中兵力打歼灭战”时说：“对于人，伤其十指不如断其一指；对于敌，击溃其十个师不如歼灭其一个师”，[④]毛泽东同志的生

---

① 刘进龙：《抗战时期毛泽东思想政治工作探析》，《高等函授学报（哲学社会科学版）》2013年第2期。

② 陈登才：《毛泽东的领导艺术》，军事科学出版社1989年版，第265页。

③ 李世明、李毅弘：《抗大办学成功的“秘诀”是什么》，《中直党建》杂志2011年第10期。

④ 《毛泽东选集》第1卷，人民出版社1991年版，第237页。

动解读非常形象地阐述了歼灭战的重要意义，引起了大家的强烈共鸣。

6.不断提升工作能力

教师队伍的工作能力主要指教育教学的业务水平，教师的职业能力直接关系着政治理论课的教学质量。“改善教员质量是学校办好的一个决定条件。”[①]毛泽东同志一贯重视加强教师队伍的业务能力，他认为教学改革的关键是教员。

教师要提升工作能力，改变现状，最重要的是“就要加紧学习”。[②]毛泽东同志明确提出：“教育者首先应当受教育”，[③]“我们的教授、教员，都在教人民，教学生。因为他们是教育者，是当先生的，他们就有一个先受教育的任务。在这个社会制度大变动的时期，尤其要先受教育”[④]。毛泽东同志指出教师“要跟学生学”，即向教育对象学习，“除了向学生学习外，还要向老百姓学习，跟他们谈话，把他们的话总结起来，作为你们的经验”[⑤]。虚心向群众学习，必须把群众当作自己的先生。“没有放下臭架子，甘当小学生的精神”，[⑥]是学不到有用知识的。在与“抗大”教职员的谈话中，毛泽东同志非常严肃地强调：“当教员，同时又要学习，不要以为这是小事。”[⑦]教师要在日常教学工作实践中

① 曲士培：《抗日战争时期解放区高等教育》，北京大学出版社1985年版，第23页。

② 《毛泽东文集》第2卷，人民出版社1993年版，第179页。

③ 《毛泽东文集》第7卷，人民出版社1999年版，第252页。

④ 《毛泽东文集》第7卷，人民出版社1999年版，第270—271页。

⑤ 李桂花：《论毛泽东的科技政策思想》，《天府新论》2011年第4期。

⑥ 《毛泽东选集》第3卷，人民出版社1991年版，第790页。

⑦ 转引自耿仲琳、田逢禄、齐得平：《毛泽东在抗大讲话记录稿介绍》，《党史通讯》1984年第7期。

不断学习，积累经验，增长知识，提高业务水平。“我们当然只能是一面教，一面学，一面当先生，一面当学生。要做好先生，首先要做好学生。”①

抗战时期，毛泽东同志敏锐地指出一些政治课教师教学效果很差的原因主要是不认真备课，不积极学习。他说：“现在看到我们的有些教员，他手里的一本政治常识，还是中央苏区时代出版的，他对这本书上的东西相当熟，因为大概他已教过七八十遍了，但是其他东西就不知道了。”②毛泽东同志当时竟然发现了教材陈旧，授课模式墨守成规的弊端。1920年7月，毛泽东同志就指出：“教育为促使社会进化之工具，教育者为运用此种工具之人。故教育学理及教育方法必日有进化，乃能促社会使之进化；教育者之思想必日有进化，乃能吸收运用此种进化之学理及方法而促社会使之进化。”③

毛泽东同志说过，教师是人类灵魂的工程师。我做过教师，我对这个职业很有感情。④如今已经进入新时代，国际国内环境早已发生翻天覆地的巨大变化，但毛泽东同志对于政治课教师的各项要求在今天还是具有重要价值，特别是对于新时代政治课教师队伍的建设仍然发挥着关键作用。新时代的高校思想政治理论课教师要认真学习毛泽东同志的授课经验，对照毛泽东同志提出的具体要求，不断提升自己的工作能力，努力练好育人本领，力争为践行立德树人的伟大历史使命添砖加瓦。

---

① 《毛泽东文集》第7卷，人民出版社1999年版，第271页。

② 《毛泽东文集》第2卷，人民出版社1993年版，第178—179页。

③ 《毛泽东早期文稿》，湖南出版社1990年版，第495页。

④ 钟雪风主编：《师德修养》，远方出版社2006年版，第266页。

二、新中国成立初期的高校思政课教师政治素质

这一历史时期的高校思政课教师群体，主要指从1949年新中国成立到改革开放开始之前这一段时间从事政治理论课教学的教师群体。新中国成立初期，百废待兴，伟大的中国共产党带领全体中国人民获得了安宁幸福的美好生活，大家无不珍惜这来之不易的幸福。在以毛泽东同志为核心的中国共产党第一代领导集体的引领下，全国人民万众一心，积极投入到伟大的社会主义建设中。

（一）课程设置

新中国成立后，我国进入由新民主主义社会向社会主义社会转变的过渡时期，为了更好地完成这一特殊历史时期文化教育的主要任务，党中央决定在高校开设思政课。只不过，当时的高等院校开设的思想政治理论课，被称为“政治课”。

青年学生是事业的未来，马克思主义大众化的另一个工作重点就是青年学生。从这个时期开始，坚持通过开设高校思想政治理论课的方式对大学生进行系统的马克思主义理论教育，就成为我们党对大学生进行思想政治教育的一个传统。[①]新中国成立之初的高校思想政治理论课受到广大师生的热忱欢迎，这些课程对大学生的思想认识进步发挥了重要的教育作用。当时的各大高等院校都开设了思想政治理论课，当时的这批任课教师基本都毕业于师范院校的政治系、政治教

① 陈占安：《建国之初的理论学习活动与马克思主义大众化》，《学校党建与思想教育》2009年第28期。

育系、哲学系等专业。

新中国成立之初，对于历史唯物论、社会发展史等科目的学习，除了在干部、工人中大力推广以外，在知识分子和青年学生中也掀起了热潮。1949年9月29日，中国人民政治协商会议（政协）第一届全体会议通过的《中国人民政治协调会议共同纲领》指出："人民政府的文化教育工作，应以提高人民文化水平、培养国家建设人才，肃清封建的、买办的、法西斯思想，发展为人民服务的思想为主要任务。"

1949年10月8日，华北人民政府高等教育委员会颁布的《华北专科以上学校一九四九年度公共必修课过渡时期实施暂行办法》规定："各年级必修辩证唯物主义与历史唯物主义（包括社会发展史）、新民主主义论（包括近代中国革命运动史）、文、法、教育（或师范）学院毕业生必修政治经济学。"一、二、三、四各年级均必修："辩证唯物论与历史唯物论（包括社会发展史）"，第一学期学完，每周3学时，共3学分；"新民主主义论（包括近代中国革命运动史）"，第二学期学完，共3学分；规定文、法、教育（或师范）学院毕业班学生必修"政治经济学"，每周3学时，一年学完，共6学分。

1949年，第一次全国教育工作会议明确提出要求："大学中学的课程必须继续改革，改革的重点是加强革命的政治学习，合理地精简现有课程。"①

1950年6月，毛泽东同志在《不要四面出击》一文中提出："在新解放的城市和地区，对知识分子，要开办各种训练班，办军政大学、革命大学，要使用他们，同时进行教育和改造。要让他们学社会发展史、历

① 中共中央文献研究室编：《建国以来重要文献选编》（第一册），中央文献出版社2011年版，第78页。

史唯物论等几门课程。”①

1950年6月，教育部召开全国高等教育会议通过的《关于实施高等学校课程改革的决定》明确规定："全国高等学校应根据共同纲领第四十一条和四十七条的规定，废除政治上的反动课程，开设新民主主义的革命的政治课程，借以肃清封建的、买办的、法西斯主义的思想，发展为人民服务的思想。”由于时间紧，任务急，后来很快设置了马列主义基础、中国革命史、政治经济学和辩证唯物主义与历史唯物主义等课程，这四门课程组成了新中国成立后第一个比较系统的思政课教学体系。此间，党中央密集出台多个重要文件，精挑细选优秀人才充实于高校思政课师资队伍，主张“在高等学校的助教和高等、中等学校高年级学生中选拔优秀的党员、团员在本校担任政治理论课程的助教或助理……逐渐培养他们成为高等、中等学校新的政治理论师资”。

据教育部1950年10月4日发布的《关于全国高等学校暑期政治课教学讨论会情况及下学期政治课应注意事项的通报》，当时“社会发展史”课的内容重点一是引论——社会发展史学习的目的、内容和方法；二是劳动创造人类世界；三是五种生产方式——阶级斗争；四是国家与政治；五是社会思想意识。“新民主主义论”课的内容重点一是中国革命的历史特点；二是中国新民主主义革命史；三是中国革命的主要经验；四是新民主主义的政治；五是新民主主义的经济；六是新民主主义的文化；七是中国革命的前途。

我国的高校教师政治理论学习最早可追溯到1951年9月，时任北

① 中共中央文献研究室编：《建国以来毛泽东文稿》（第1册），中央文献出版社1987年版，第398页。

京大学校长马寅初组织了12位教授进行了专门的政治学习，邀请了毛泽东、刘少奇和周恩来等党和国家领导人作报告，目的在于改造教师思想，促进高等教育改革，这就是率先在北京大学开展起来的教师政治学习活动，该活动不仅学习效果颇佳，而且具有先行先试的引领作用。为了巩固和推广学习运动成果，1953年7月，中共中央正式颁发《关于全国高等学校教师政治理论学习的指示》，这意味着我国高校教师政治理论学习制度的正式确立。

1951年9月10日，教育部在《关于华北区各高等学校1951年度上学期进行“辩证唯物论与历史唯物论”等课教学工作的指示》中指出：“辩证唯物论与历史唯物论、新民主主义论及政治经济学三门课目，是改造学生的思想，树立科学的世界观、革命的人生观和全心全意为人民服务的最基本的课程。”[①]

1952年，随着国家对全国高等院校进行大规模的院系调整，思想政治课也列入必须加强建设的重要议程。1952年9月，高校实行政治工作制度，积极落实教育部党组《关于在高等学校试行政治工作制度的报告》的精神与内容。1952年10月7日，教育部发出《关于高等学校马克思列宁主义、毛泽东思想课程的指示》，要求全国高等学校要开设马克思列宁主义、毛泽东思想课程。[②]这一指示把思想政治类课程列入了课程建设重点，使马克思主义理论教育成为高校教育课程体系的重要内容。为了做好这个工作，各个高校纷纷设立政治辅

① 汪荣有，周利生主编：《思想政治理论新课程教学研究》，安徽大学出版社2007年版，第248—249页。

② 朱育和，张勇，高敦复：《当代中国意识形态情态录》，清华大学出版社1997年版，第10页。

导处这一新的部门，总体负责政治理论课的教学和学生的思想政治教育工作。

新中国成立以后，经历前期探索，形成的思政课建设“52方案”，从课程名称、开课顺序以及教学课时等详细安排了全国高校的思政课程。

1953年，高等教育部决定将“新民主主义论”课改为“中国革命史”课。教育部规定“中国革命史”课的内容重点主要有以下几点。

一是通过中国人民反帝反封建反官僚资本主义的革命斗争的历史实际，充分揭发敌人的残暴、阴险和卑鄙，引导学生憎恨国内外的人民公敌；特别着重说明帝国主义是中国人民最凶恶的敌人，以加强学生的反帝爱国主义思想。

二是说明俄国十月社会主义革命对中国革命的巨大影响、苏联对中国革命的鼓舞和帮助、世界革命和中国革命的相互支持、中国革命的世界意义，引导学生将爱国主义思想和国际主义思想结合起来。

三是通过历史上革命先烈的英雄事迹，和中国共产党人艰苦奋斗作风的事例，培养学生的工人阶级感情和革命作风；特别认真地讲解毛主席的生平、思想和具体革命活动，启发学生以革命领袖为自己学习的最高榜样，热爱人民和祖国，热爱毛主席和中国共产党，自觉地发扬中国共产党的光荣革命传统。

四是说明中国工人阶级的壮大、中国共产党的产生和成长以及中国工人阶级的领导（通过共产党）对中国革命的决定作用，特别着重说明毛主席如何根据中国社会性质和革命性质，结合各个历史时期的国际环境和国内经济政治状况，提出正确的理论，制定正确的路线政策，指导革命和建设走向胜利；同时说明毛主席如何结合中国革命事迹发展了马克思、恩格斯、列宁、斯大林的学说。

五是说明革命统一战线问题是中国革命成败的关键问题，它必须以工人阶级为领导、工农联盟为基础，对于参加统一战线的资产阶级，则应采取又联合又斗争的政策。

六是说明中国革命的发展规律，1927年大革命失败后，革命的工作重点由城市转入农村，以农村来包围城市，革命战争取得胜利后，又由城市来领导农村。

七是说明人民民主制度的优越性，它是中国革命经验的集中表现；并着重说明强化人民民主专政是中国工业化民主化的有力保证。

八是说明新民主主义社会的过渡性，其前途必然是社会主义和共产主义，以加强学生的革命前途教育。

1956年9月9日颁布的《中华人民共和国高等教育部关于高等学校政治理论课程的规定（试行方案）》，首次规定按年级开设四门政治理论课：马列主义基础课（一年级）、中国革命史（二年级）、政治经济学（三年级）、辩证唯物主义与历史唯物主义（四年级），对学时也做了规定，进一步规范了政治理论课的课程设置。这一被称为“56方案”的政治理论课系列要求持续优化了课程名称、学时比例、考核方式等。

有些高校思想政治理论课的设置门数，从1952年的1门增加到1956年的4门，数量上循序渐进不断增多。在难度和深度上，随着大学生年级的增长，开设的课程也逐渐由浅入深，依次是中国革命史、马列主义基础、政治经济学和辩证唯物主义与历史唯物主义等课程。①

20世纪50年代，思想政治理论课还积极关注时事政治，紧密结合重大事件，鲜活地开展思想政治教育的生动实践，取得了良好的教育效果。朝鲜战争爆发后，全国上下开展了声势浩大的抗美援朝运动，

① 蒋南翔：《蒋南翔文集》（上卷），清华大学出版社1998年版，第522页。

思想政治理论课的教学融入了很多反美宣传的重要内容。

1956年，在完成社会主义改造、基本确立社会主义制度后，为了执行“使受教育者在德育、智育、体育几方面都得到发展，成为有社会主义觉悟的有文化的劳动者”这一社会主义建设时期党的教育方针。1957年，高等教育部、教育部联合颁发《关于在全国高等学校开设社会主义教育课程的指示》规定：“在全国高等学校各个年级普遍开设社会主义教育课程，课程学习内容以《关于正确处理人民内部矛盾的问题》为中心教材。”1957年，《中央宣传部关于设立社会主义教育课程向中央的报告》指出：“过去政治课教员对于学员思想情况不加过问的偏向，必须坚决纠正。”1957年底，北京高校与全国高校一样普遍开设了“社会主义教育”课程。

1961年4月8日，中宣部和教育部颁布的《改进高等学校共同政治理论课程教学的意见》明确提出优化调整了思政课课程设置：高等学校开设马克思列宁主义基础理论和形势与任务两门政治理论课程，同时将高校公共政治理论课改称为“共同政治理论课”，并首次提出共同政治理论课的课程目标问题，列出思政课学生阅读书目（草案），并在各专业、年级首次统一开设形势与任务课程，让学生了解国内外形势、国家的任务和政策。同时，党中央还对社会主义建设时期思政课教师核心素养从政治水平和业务水平这两方面提出了双重要求。

1961年9月，《教育部直属高等学校暂行工作条例（草案）》（“高教六十条”）第四十六条提出：“思想政治工作不但要管红，而且要管专。红与专应该是统一的，只专不红，只红不专，都是不对的。高等学校师生的红，不但应该表现在政治思想方面，而且应该表现在他们教学和学习的实际行动中。"[①]也就是要求高等学校教师又红又专，同时必须提高课堂讲授的水平，注意因材施教，做到教学相长，提高自己的思想政治水平和业务水平。

1964年10月11日，《中央宣传部、高教部党组、教育部临时党组关于改进高等学校、中等学校政治理论课的意见》指出政治理论课"教师队伍必须革命化"[②]这是首次将政治理论课纳入中央指导的范围，且专门针对思政课教师核心素养做了进一步明确，指出政治理论课教师队伍必须革命化，要注意明确培养方向，学会积极配合党、团组织对学生进行思想政治工作，要同学生一起下乡、下厂，参加一期到两期城乡社会主义教育运动，认真读书提高理论水平等，在教学方法上必须坚持启发式，废止注入式。这一重要文件还明确规定高校思政课的根本任务是要向青年学生进行无产阶级革命教育，深入学习毛泽东思想，筑牢学生马克思主义思想根基，培养社会主义建设者和接班人。这是新中国成立以后首次明确思政课的根本任务是培养坚强的革命接班人。

（二）领导和学者亲自授课

新中国成立初期，由于思想政治课程体系建设正处于从无到有的过程中，发展还不充分，同时又要积极贯彻落实党和政府对高等教育的领导，因此，邀请党的军政干部、高校的领导讲思想政治大课，一

① 教育部思想政治工作司编：《加强和改进大学生思想政治教育重要文献选编(1978—2014)》，知识产权出版社2015年版，第2页。

② 教育部社会科学司编：《普通高校思想政治理论课文献选编(1949—2008)》，中国人民大学出版社2008年版，第53页。

度成为思想政治课教育的主要方式。高校内外的党政领导纷纷走上讲台，给成千上万的师生以讲座或报告的形式讲大课，面对面开展思想交流，这样生动的双向深度沟通的学习形式，受到广大师生的欢迎。

新中国成立之初，到北京大学、清华大学开设讲座的校外学者有何干之、何思敬、李琪、钱俊端、吴晗、黄孝通等，在马克思主义理论研究中享有盛誉的艾思奇，也曾经三次受邀，为清华大学的师生讲课，影响很大。理论工作者走到群众中去，受到了群众的欢迎，自身也得到了锻炼。正是在这样不断推进马克思主义大众化的进程中，培养了一批忠诚于党的理论事业、热心于向大众宣传马克思主义的理论家。

肖超然教授在《从红楼到燕园》（此文是《北京大学与近现代中国》一书的代序）一文中回忆听课场景："当时，北京大学的政治课教学指导委员会的主任是许德珩教授，费青教授、王铁崖教授是副主任，讲课教师主要是外请的。在这些外请的教师中，艾思奇是主要的讲课人。参与讲课或来作报告的还有当时一批知名人士、学者，包括胡绳、钱俊瑞、周扬、胡华、蒋南翔、李立三、乔冠华、田家英等。各系还专门聘请了辅导教师。共产党员、理论修养较高的青年讲师、副教授，以及要求进步的一些知名教授都在其中。讲课地点基本在红楼民主广场。这一时期的政治课是真正的"大课"，几千名学生、教职工，拿着小马扎坐在广场听课。讲课人拿着扩音器，站在台子上讲，一堂课往往占去半天时间。讲课时一次性'批发'，然后学生回到系里，组织课堂讨论，讨论十分热烈，讨论结束前由辅导教师答疑解惑。"①

① 参见肖超然：《北京大学与近现代中国》，中国社会科学出版社2005年版，第4页。

艾思奇通过1935年出版的《大众哲学》，建立了他马克思主义哲学大众化开拓者的地位，毛泽东同志曾称赞《大众哲学》是“通俗的而又有价值的”著作。[①]艾思奇多次应邀到北京大学、清华大学讲课。艾思奇在北京大学的第一堂政治课是给全校师生作理论学习的动员报告。在报告中，艾思奇说明了马列主义学习的必要性，“目前无论何人都承认马列主义是中国革命成功唯一的科学理论，中外历史均证明，没有马列主义，是无法建设新中国的”，“辩证唯物论与历史唯物论是马列主义的世界观与人生观”。艾思奇还谈到学习方法问题，他主张学习应该联系实际，即一方面学，一方面解决问题。在学校中，应去联系自己的生活、思想；同时还要联系到自己的业务课程，用批评和自我批评的方法进行学习。艾思奇的报告使师生们受到很大启发。[②]

蒋南翔不仅能够在思想政治理论课的授课上令大家信服，还亲自担任了清华大学哲学教研组主任，给学生开讲马克思主义哲学课，也为教师们讲哲学课。由于蒋南翔的马列主义理论功底深厚，又有着良好的传统文化修养，再加上丰富的革命斗争经历，他的讲课也就能够深入浅出、收放自如。蒋南翔还重视教学中的反馈，对其他人的讲课效果也时常关注。他经常问思想政治理论课负责人：“政治课是不是讲成国民党的党义了？学生有没有兴趣？学习后有没有收获？”[③]

蒋南翔在《高等教育要认真解决两个根本问题》一文中，开宗明义指出了方向的重要：“我国长期的教育实践告诉我们一条最重要的经

① 《毛泽东书选选集》，人民出版社1983年版，第80页。

② 参见白胡：《政治课在北大》，《新建设》第1卷第5期，1949年11月3日。

③ 方惠坚，郝维谦，宋延章，等编著：《蒋南翔传》，清华大学出版社2005年版，第141页。

验，办高等教育必须优先考虑和解决两个根本性的问题：一个是方向问题；一个是质量问题。评价教育的成败优劣，归根到底，取决于这两个根本问题解决得如何。"[①]

1959—1960年间，清华大学为了充实教学力量，曾采取培养政治辅导员的方法，选调了一批优秀的工科学生来学习马克思主义理论，充实到思想理论课教师队伍之中。这些大学生克服了很多困难，从零开始逐渐担任了哲学课、政治经济学课和中国革命史课程的助教、讲师，以后陆续登台还讲授了大课。[②]经过一段时期的发展，清华大学思想政治理论课的这支队伍由"早期的16人，发展到1954年的40人，到20世纪60年代已达50多人"[③]。

（三）学习苏式思想政治教育

1950年初期，北京高校开始全方位向苏联学习，从课程体系、教材使用等多个方面深入学习苏式思想政治教育的方式方法。苏联专家也走进北京多所高校的课堂内，直接为学生们讲授思想政治课程，热情帮助我国思想政治课教师更新教材，编写更科学合理的教学计划。

通过学习苏联经验，中国人民大学当时设立了41个教研室，其中全校性的共同课教研室就有7个，其中就有马列主义教研室、中国革命

① 中国高等教育学会、清华大学编：《蒋南翔文集》，清华大学出版社1998年版，第1129页。

② 杨振斌主编：《双肩挑50年：清华大学辅导员制度五十周年回顾与展望》，清华大学出版社2003年版，第81—83页。

③ 吴丹：《蒋南翔德育思想的理论与实践研究》，清华大学出版社2008年版，第132页。

理论教研室。教研室是一个组织，或有组织的集体，由担任一门或几门同种类的课程的教师们组织起来，共同进行教学与研究工作。①苏联先进的教育科学创造了一套这样的组织，一个完整的机构，我们国家将这个组织翻译为“教研室”并一直沿用至今。教师们以此最基础的机构为载体直接组织有关的教学与研究工作。

苏式的思想政治课也有其不足，如过于强调思想体系的灌输。在一些高校，有的教师认为思想政治理论课应该主要帮助学生传授知识、帮助学生建立完整的思想体系，而并不重视指导学生联系实际。来我国协助各个高校从事思想政治课建设的苏联专家，由于不熟悉中国国情，也偏重于积极解读马列主义经典原著。这样的授课方式并不适合中国学生，也难以激发学生的兴趣，有的学生干脆直接表示拒绝。针对这些问题，清华大学专门召开思想政治理论课党支部会议，批判了这种教条主义的教学方法。随着教师们思想政治素养和业务水平的逐渐提高，这些改进后的课程也逐渐受到了学生们的欢迎。

后来，随着中苏关系的恶化，北京高校也开始对苏式教学方法展开激烈批判，更为重视“了解学生的思想状况，结合中国学生的问题，有的放矢讲理论”，因为我们的马克思主义理论教育和政治思想工作，与苏联不完全相同，带有中国特色，历史证明这是有效的、成功的。我国的思想政治理论课，必须结合中国实际，用大量鲜活的中国故事，才能讲得生动活泼，让学生入耳入心。

① 成仿吾：《中国高等教育研究50年：1949—1999》，教育科学出版社1999年版，第514页。

三、改革开放以来的高校思政课教师政治素质

1978年,教育部颁布的《关于加强高等学校马列主义理论教育的意见》,恢复了被"文化大革命"中断的理论课教师业务职称评聘制度,旨在有效提高思政课教师素质。面对现有教师理论水平偏弱的局面,国家通过恢复暑假举行的全国理论课骨干教师讲习班、委托部分高校开办马列主义教师进修班等方式分期分批进行培训。

1978年,根据教育部规定,重建并加强思政课教师素质建设的领导机制,各高校恢复成立马列主义教研室,受学校党委直接领导。1979年,教育部成立政治理论教育司,部分省市也成立了指导思政课教育教学的高校政治理论教学研究会。此外,教育部要求各高校党委派出一位书记或常委分管政治理论课教学,鼓励其参加教研室会议、兼职讲授一门政治理论课,使校领导跟广大教师一起奋斗在教学一线,以示讲政治的重要性。

党的十一届三中全会召开以后,高校思政课教师队伍迅速壮大起来,教师群体综合素质渐渐提高。此后,高校思政课教师政治素质的提高更加受到重视。

改革开放之初,高校思政课教师队伍"数量缺、水平低、任务重、后继乏人"[①]。党的十一届三中全会以后,我国教育界呈现出一片生机。20世纪80年代中期,我国经济、社会和思想意识发生了巨大变化,"文化大革命"遗留问题必须得到解决,传统高等教育教学模式不再适应

① 教育部社会科学司编:《普通高校思想政治理论课文献选编》(1949—2008),中国人民大学出版社2008年版,第73页。

现实发展，必须创新教学方式，特别是必须迫切提高高校思政课教师的教学能力。

1980年7月7日，教育部在颁布的《改进和加强高等学校马列主义课的试行办法》中明确提出“开展科学研究，提高教学质量”[①]。这是改革开放后首次关于高等学校公共政治理论课的课程政策。这一文件还以很大的篇幅论述了教师队伍的建设问题，文件指出要恢复并改善思政课教师的物质待遇和学习工作条件，规定了“同工同酬”的原则，确保马列主义课教师与其他学科教师在职称、待遇方面具有相同的权利。教育部还多次发文强调要及时向理论课教师传达文件精神、放宽文件阅读限制、将课程教研经费纳入校预算等原则，尽可能为思政课教师的教学科研营造较好的现实条件。

1982年10月9日，教育部颁布《关于在高等学校逐步开设共产主义思想品德课程的通知》，这是我国高校首次开设共产主义思想品德课程。

1984年，经教育部批准，在武汉大学、南开大学等12所著名高校设立思想政治教育本科专业，以强化的学科建设推进政治理论课教师的专业化。

1985年8月，中共中央颁发《关于改革学校思想品德和政治理论课程教学的通知》（后简称“85方案”），要求设立马克思主义理论课和思想品德课课程体系（后简称“两课”），同时提出要实施启发式教学、组织学生的课堂讨论和社会调查、介绍并评判当代社会思潮，培养学生运用马克思主义的能力。该方案标志着我国高校思政课改革的

① 教育部社会科学司编：《普通高校思想政治理论课文献选编》（1949—2008），中国人民大学出版社2008年版，第88页。

开端。

改革开放之初,在青年一代自我意识的苏醒与传统的灌输式共产主义革命道德教育产生激烈碰撞的背景下,中共中央印发“85方案”,在加强马克思主义基本理论教育的同时倡导思政课教师实行启发式教学,用事实论证观点,鼓励学生自己探索问题。

在党的十四大提出建立社会主义市场经济体制的改革目标后,党和国家要求新形势下的思政课建设吸收和反映新的科学理论成果,教师要研究讲解学生普遍关心的国际共运、改革开放、社会主义市场经济、高等教育改革等国内外时事热点问题,特别重视学生理想信念和世界观、人生观、价值观教育,帮助大学生抵御拜金主义、享乐主义和极端个人主义等腐朽思想的侵袭。党的十五大、十六大后,党和国家更加重视思政课教师对邓小平理论、“三个代表”重要思想的学习,想方设法在每个课堂环节增强思政课的生动性。中国特色社会主义进入新时代后,以习近平新时代中国特色社会主义思想为指导,党和国家确立了高校“立德树人”的历史使命,大力推动教学方式的改革创新,充分运用新媒体、新科技赋予思政课活力。

国家教委在1986年3月印发的《关于在高校进一步贯彻〈中共中央关于改革学校思想品德和政治理论课程教学的通知〉的意见》中指出:教师是改革政治理论课教学的关键,要开展教学改革试点。这一重要文件还提出:“为了改革政治理论课的教学内容,需要有计划、有领导地对教学中的疑难问题,对学生关心和要求回答的现实问题,进行系统的研究,努力从理论和实践的结合上,作出马克思主义的回答。”[①]

1986年9月1日，国家教育委员会下发《关于在高等学校开设“法律基础课”的通知》，这是我国高校首次开设法律基础课程。

国家教委在1987年3月印发的《关于进一步改革高等学校马克思主义理论课（公共课）教学的意见》中强调，引导教师紧密结合教学改革和提高学生思想觉悟的需要，有计划、有组织地开展科学研究，“这是一项基础性工作”。[②]

1987年9月，国家教育委员会印发《关于思想政治教育专业培养硕士研究生实施意见》的通知，决定从1988年开始招收思想政治教育专业硕士研究生；1990年10月，国务院学位委员会增设马克思主义理论教育和思想政治教育两个硕士专业；1997年6月，国务院学位委员会把“马克思主义理论教育”和“思想政治教育”这两个二级学科整合为一个二级学科，即“马克思主义理论与思想政治教育”，作为一级学科“政治学”下的二级学科。

改革开放初期，由于高校思政课教师相当紧缺，国家想方设法吸纳了一些马列主义理论水平较高的党员干部加入到教师队伍，确保高校思政课教师群体较高的政治素质水准。市场经济大潮中出现的各种新现象、新思潮对人们的思想产生了强烈冲击，更需要思政课教师以优秀的教育教学工作引导学生的思想和言行。因而，1991年8月，为应对国际国内形势的激烈变化，国家教委颁发《关于加强和改进高等学校马克思主义理论教育的若干意见》，严格规定思政课教师

① 教育部社会科学司编：《普通高校思想政治理论课文献选编》（1949—2008），中国人民大学出版社2008年版，第111页。

② 同上，第121页。

言行“必须与党中央保持高度一致，坚持四项基本原则，旗帜鲜明地反对资产阶级自由化”[1]，要分析、批判西方资产阶级思潮及其典型著作。

为落实这一重要要求，在此后的思政课课程改革和教师培训中，特别强调加强马克思主义理想信念教育、着力提升教师的政治素质。我国实行思政课教师的任职资格制度，新任思政课教师必须具备两个核心条件：一是原则上应为中共党员；二是要有马克思主义理论相关学科不低于硕士研究生的学历。这两个条件从政治面貌和专业背景方面规定了思政课教师应当坚持的政治方向，确保教师队伍的战斗力。

这份文件还要求各级教育主管部门、高等学校要积极组织和支持教师开展科研，特别是“围绕教学开展科学研究，是提高教师业务水平和教学质量的一项重要工作”。并规定了开设的课程为中国革命史、中国社会主义建设、马克思主义原理、世界政治经济与国际关系（文科）。[2]

为弥补思政课教师数量的巨大缺口，迅速充实思政课教师队伍，国家采取了以下措施：一是尽量在短时期内把已经远离教学岗位的、合格的理论课教师调回到教学岗位；二是每年从高校相关专业的大学生、研究生的毕业生中遴选出优秀分子直接充实到教师队伍；三是吸收具有一定理论水平的校内党员干部支援一线教学；四是在各大地区

① 教育部教育管理信息中心汇编：《中华人民共和国教育法律法规全书》第7册，中国法制出版社2001年版，第2986页。

② 教育部社会科学司编：《普通高校思想政治理论课文献选编》（1949—2008），中国人民大学出版社2008年版，第143页。

委托一些高校开设马列主义师资培训班，及时增加储备力量；五是复办中国人民大学并扩大招生名额，培养科班出身的理论课教师。

1995年10月24日，国家教育委员会印发《关于高校马克思主义理论课和思想品德课教学改革的若干意见的通知》又提出：进一步推动“两课”的科学研究和学科建设。这一时期“两课”设置为：马克思主义理论教育课程——马克思主义基本原理、中国特色社会主义、中国革命史、世界政治经济与国际关系（文科）；思想政治教育课程——思想道德修养、法律基础、形势与政策。

1997年秋季，在北京大学校党委的大力支持下，北京大学马克思主义学院在全国率先试点开设邓小平理论课，创新了传统的授课模式，整合教材，结合学生实际，采取专题式教学方式，取得了前所未有的、突出的教学效果，深受广大学生和社会各界的好评。北京大学12位知名教授组成教学组分专题为学生讲授邓小平理论课程，在全国引起轰动。中央领导为此做出重要批示表示肯定，中央电视台、《人民日报》、《中国教育报》等多家主流媒体进行过集中报道，产生了强烈的社会反响。

1998年4月，中宣部、教育部在《关于普通高等学校开设〈邓小平理论概论〉课的通知》中指出：“北京大学党委领导组织邓小平理论课教学的经验，得到了中央有关领导的充分肯定。有条件的高校都要学习北京大学的做法，集中本校相关学科政治上比较强的高水平教师讲授邓小平理论，提高教学水平。”[①]

1998年6月，中宣部、教育部印发的《关于普通高等学校“两课”

① 教育部社会科学司编：《普通高校思想政治理论课文献选编》（1949—2008），中国人民大学出版社2008年版，第180页。

课程设置的规定及其实施工作的意见》(简称“98方案”),逐步完善了马克思主义理论学科体系,该方案要求各地各校在2000年底以前对“两课”教师普遍培训一次。

1999年,教育部和国务院学位委员会发文,鼓励青年“两课”教师在职攻读硕士学位,力争5年内培养3500名“两课”教师获得硕士学位。

从2000年到2002年,教育部在全国选拔“两课”教师进行滚动培训和学习班培训,系统培养学术带头人和骨干教师。

同时,通过社会实践增强“两课”教师的社会体验,提高教师运用理论分析和解决问题的能力,从而提高教师政治素质和教学能力。例如,选派很多教师去基层挂职并担任学生班主任或辅导员,加强对学生哲学社会科学社团活动的指导,部分教师还兼管党务思政工作。后来开展的全国首届普通高校百名“两课”优秀教师评选活动,对广大思政课教师产生了巨大的鼓舞和激励。

98方案“两课”设置为:马克思主义理论课——马克思主义哲学原理、马克思主义政治经济学原理、毛泽东思想概论、邓小平理论概论、当代世界经济与政治(文科);思想政治教育课——思想道德修养、法律基础。

为深入贯彻落实《中共中央 国务院关于进一步加强和改进大学生思想政治教育的意见》《中共中央关于进一步繁荣发展哲学社会科学的意见》和《中共中央办公厅转发〈中央宣传思想工作领导小组关于实施马克思主义理论研究和建设工程的意见〉的通知》以及《中共中央宣传部 教育部关于进一步加强和改进高等学校思想政治理论课的意见》及其实施方案精神,进一步加强高校思想政治理论课教师队伍建设,高质量实施高校思想政治理论课新课程方案,提高思想政治理论课教学质量,中宣部、教育部决定有计划地组织高校思想政治理论课骨干教师进行马克思主义理论和党的方针政策以及马克思主义理论研究和建设工程重点教材基本内容和基本精神的研修。

《中共中央 国务院关于进一步加强和改进大学生思想政治教育的意见》是思想政治教育专门化、专业化的集中代表。中共中央、国务院2017年印发《关于加强和改进新形势下高校思想政治工作的意见》向整体、综合、全员和渗透式思想政治教育模式的延伸，并体现出思想政治教育模式的深刻变化：①工作地位从首位拓展到中心和核心地位；②从专门领域拓展到高校全局；③从教育视野拓展到工作视野；④从学生视野拓展到教师视野；⑤从思想政治理论课拓展到其他课程；⑥从学科领航到课程领航；⑦从专门工作者拓展到全员；⑧从学校拓展到社会和国家。

进入21世纪，思想政治教育面临着全新的挑战。中宣部、教育部于2005年2月7日发布《关于进一步加强和改进大学生高等学校思想政治理论课的意见》(后简称“05方案”)指出：“学科建设是加强和改进思想政治理论课的基础。思想政治理论课教育教学所依托的学科是我国特有的一门政治性、科学性和实践性很强的学科，只能加强，不能削弱。”[①]对学科建设重要性的这样认定和表述在新中国成立以来的高校思想政治理论课建设历史上是首次。05方案之前，没有为高校思想政治理论课单独设置的学科。05方案最大的特点是强调学科建设重中之重的地位。

这一方案提出要设立马克思主义一级学科，标志着开启了新一轮的高校思政课改革。该方案的“思想政治理论课”体系设置为本科生

① 教育部社会科学司编：《普通高校思想政治理论课文献选编》(1949—2008)，中国人民大学出版社2008年版，第214页。

培养计划为马克思主义基本原理概论（“原理”）、毛泽东思想、邓小平理论和“三个代表”重要思想概论（“概论”）（2008年改称“毛泽东思想和中国特色社会主义理论体系概论”）、中国近现代史纲要（“纲要”）、思想道德修养与法律基础（“基础”）、形势与政策；硕士生培养计划为科学社会主义理论与实践、马克思主义经典著作选读（文科）、自然辩证法概论（理工农医）博士生——马克思主义与当代社会思潮（文科）、现代科学技术革命与马克思主义（理工农医）。

2005年底，教育部和国务院学位委员会发布《关于调整增设马克思主义理论一级学科及所属二级学科的通知》，新增马克思主义理论一级学科及下属的5个二级学科，“思想政治教育”即为5个二级学科之一。

2008年，增加二级学科“中国近现代史基本研究”。

2008年9月23日，中共中央宣部、教育部在印发的《关于进一步加强高校思想政治理论课教师队伍建设的意见》（后简称《意见》）中进一步强调大力加强马克思主义理论学科建设，为高校思想政治理论课教师队伍建设提供学科支撑。这是当时和今后一个时期加强高校思想政治理论课教学的纲领性文件。文件要求在高等学校实施思想政治理论教育的老师，是马克思主义理论以及党中央的有关政策和理论的宣传者，是社会主义意识形态、社会主义精神文明的传播者，应不断提升马克思主义理论修养，提升教学能力、科研水平，做马克思主义的坚定信仰者，做教书育人的榜样，做青年大学生健康成才成长的引路人和指导者。文件提出，要进一步汇聚学科队伍，建设优秀教学团队，使思想政治理论课教师工作有条件、干事有平台、发展有空间，增强责任感和归属感。这是对高校思想政治理论课教师的地位和作用的明确要求。高校思政课教师由此逐步实现专业化和科学化。

《意见》明确要求新教师原则上应是中共党员且具备硕士以上学

位，在政治上与党中央坚决保持一致，初步建立教师任职资格准入制度；高等学校的思想政治理论课教师要全面提高思想政治素质和业务素质，要牢固树立坚定的理想信念，不断提高为思想政治理论教育事业服务的责任感和使命感。各高校设立独立的思政课教学科研二级机构，对思政课教师队伍工作进行统筹安排，接受学校的直接领导。

这份文件还指出：思想政治理论课教师是高等学校教师队伍的一支重要力量。进一步加强思想政治理论课教师队伍建设，提高教学水平，用中国特色社会主义理论体系武装大学生，用社会主义核心价值体系引领各种社会思潮，把他们培养成德智体美全面发展的社会主义建设者和接班人，对于全面实施科教兴国战略和人才强国战略，确保实现全面建设小康社会、加快推进社会主义现代化的宏伟目标，确保中国特色社会主义事业兴旺发达、后继有人，具有十分重大而深远的意义。要把思想政治理论课教师队伍建设纳入教育事业发展和人才队伍建设的总体规划，加强领导，统筹安排。坚持以马克思列宁主义、毛泽东思想、邓小平理论和“三个代表”重要思想为指导，深入贯彻落实科学发展观，努力建设一支政治坚定、业务精湛、师德高尚、结构合理的教师队伍。思想政治理论课教师必须坚持正确的政治方向，热爱马克思主义理论教育事业，具有良好的思想品德，有扎实的马克思主义理论基础和相应的教学水平、科研能力。在事关政治原则、政治立场和政治方向问题上不能与党中央保持一致的，不得从事思想政治理论课教学。

《意见》反复强调了对于高校思想政治理论课教师政治上的要求仍然是首位的。从事思想政治理论课教学必须在政治原则、政治立场和政治方向上坚决与党中央保持一致。高校思想政治理论课教师必须讲党性、守规矩，必须讲政治、严守党纪党规，真正成为遵守党纪国法的先行者和表率。

思想政治理论课教育教学的对象是新时代的大学生,大学生正处在世界观、人生观、价值观形成时期,可塑性强。高校思想政治理论课教师要通过精心设计的教育教学活动,使学生从内心深处相信所学理论,并且真正接受,同时外化于自己的言行,这才是成功的、有效的教育教学。

从2010年开始,全国高校开设研究生思想政治理论课:中国特色社会主义理论与实践研究、马克思主义与社会科学方法论、自然辩证法概论;博士生课程——中国马克思主义与当代。

中宣部、教育部在2015年7月印发的《普通高校思想政治理论课建设体系创新计划》中强调:“各地各高校要积极推进专题教学,凝练教学内容,强化问题意识,构建重点突出、贴近实际的教学体系。”

教育部在2018年4月印发的《新时代高校思想政治理论课教学工作基本要求》特别要求通过强化科研支撑教学。

自党的十四大以来,高等院校在贯彻江泽民同志关于“教育系统要编写建设有中国特色社会主义理论的教材,作为学校政治课的主要内容”的指示,推进用邓小平理论教育武装大学生方面取得了可喜的进展。一些学校已开设了这门课程,编写了一批教材,培养了一支教师队伍,明确了进一步做好这一工作的主要思路。党的十五大以后,这一工作又取得了较大进展。教育部已把以邓小平理论为中心内容改革政治理论课作为当年的重点工作。党的十五大的一个重大贡献,是把邓小平理论确定为全党的指导思想,号召全党、全国各族人民高举邓小平理论的伟大旗帜。对高校来说就要下大力气实现把邓小平理论编成教材、进入课堂、教育武装大学生思想的目标。重要的基础课应当尽量由这方面水平较高的教授来讲,当今的大学生都是跨世纪的有中国特色社会主义事业的建设者和接班人,他们有强烈的学习掌握邓小平理论的渴望，对他们进行邓小平理论的教育，有特殊重要意义。①

高校思政课教师政治素质关系到未来人才质量。思想政治工作是我们党的传家宝，是我们党各项工作的“生命线”。胡锦涛同志指出，要力争在几年内使思想政治理论课教学状况明显改善目标，提高高等教育质量。高校思想政治理论课教师是马克思主义理论和党的路线、方针、政策的宣讲者，社会主义核心价值体系的传播者，要组织骨干教师研修，提高教师思想政治素质、科研能力和教学水平，确保高校思想政治理论课新课程方案高质量实施，增强思想政治理论课教育教学的针对性、实效性和吸引力、感染力。

四、新时代的高校思政课教师政治素质

自党的十八大以来，中国特色社会主义全面进入新时代，更加突出思政课的重要性，必须创新与优化人才培养模式，全方位提升新时代思政课教师的素质能力，只有高素质、专业化、创新型的教学人才才能适应新时代的需要。国家为思政课教师素质建设提供了人力、资金、奖励等多方支持，极力支持教师个体发展，从而推动教师队伍整体的高质量发展。

进入新时代，党和国家出台了《关于深化新时代学校思想政治理论课改革创新的若干意见》《新时代高等学校思想政治理论课教师队伍建设规定》《关于加快构建高校思想政治工作体系的意见》等多个重

① 李岚清：《在高等院校邓小平理论课座谈会上的讲话》，《光明日报》1998年6月10日。

要文件，对思政课教师的职责、聘用、培训、考核、管理等提出具体要求。并启动思政课教师队伍后备人才培养专项计划及多项教学科研项目资助计划，举办思政课示范教学巡回展示、思政课教师影响力人物推选活动等。

2013年，教育部发布《普通高等学校思想政治理论课教师队伍培养规划（2013—2017年）》，对思政课教师有序开展全员培训、骨干研修、在职攻读硕博士、国内考察、国外研修、以项目选人和选人给项目，形成多层次培训体系。

2015年7月30日，中宣部、教育部印发的《普通高校思想政治理论课建设体系创新计划》提出，高校肩负着学习研究宣传马克思主义、培养中国特色社会主义事业建设者和接班人的重大任务。思想政治理论课是巩固马克思主义在高校意识形态领域指导地位，坚持社会主义办学方向的重要阵地，是全面贯彻落实党的教育方针，培养中国特色社会主义事业合格建设者和可靠接班人，落实立德树人根本任务的主干渠道，是进行社会主义核心价值观教育、帮助大学生树立正确世界观人生观价值观的核心课程。

办好思想政治理论课，事关意识形态工作大局，事关中国特色社会主义事业后继有人，事关实现中华民族伟大复兴的中国梦，必须始终摆在突出位置，持之以恒、常抓不懈。《普通高校思想政治理论课建设体系创新计划》还指出，制定思想政治理论课教师任职资格标准，把政治立场作为教师聘用的首要标准，严把教师聘用政治关，严格教师管理，在事关政治原则、政治立场和政治方向上不能与党中央保持一致的，或理论素质、教学水平达不到相应课程要求的，不得继续担任思想政治理论课教师。

建设一支理想信念坚定、师德高尚、理论功底扎实、教学效果良好的高水平思想政治理论课教师队伍，应当把政治立场作为教师聘用的首要标准，严把教师聘用政治关。在事关政治原则、政治立场和政治方向上不能与党中央保持一致的，或理论素质、教学水平达不到相应课程要求的，不应继续担任思想政治理论课教师。

这是对高校思想政治理论课教师政治素质提出的明确要求，始终要把对高校思政课教师政治上的要求放在第一位，反复强调高校思政课教师政治素质的重要性。

2015年，中宣部、教育部实施高校思想政治理论课教学方法改革项目“择优推广计划”若干高校建立教改实验基地。教育部主张充分运用信息技术，设立虚拟仿真思政课体验教学中心、举办融媒体思政公开课、建立全国高校思政课教师网络集体备课平台，积极尝试案例式、问题式、互动式、专题式等教学新方式，增强了学生的获得感。2017年，被教育部定为“高校思想政治理论课教学质量年”。

高校立身之本在于立德树人。进入新时代，“立德树人”被确立为我国教育的根本任务。广大思政课教师围绕这个根本任务大力改革思政课教学模式。

要全面贯彻党的教育方针，落实立德树人根本任务，发展素质教育，推进教育公平，培养德智体美全面发展的社会主义建设者和接班人。这是新时代赋予高校思想政治教育的重要历史使命。

新时代的高校思想政治理论课必须坚守立德树人的伟大使命，始终坚持社会主义办学方向，坚持以马克思主义理论为指导，全面贯彻落实党的教育方针。要紧密结合传媒化社会的新特点，及时更新教育教学方法，吸纳最新的教育教学元素，积极改进高校思想政治工作，引导学生掌握科学的世界观和方法论。

2018年1月20日，中共中央、国务院印发的《关于全面深化新时代教师队伍建设改革的意见》是新中国成立以来党中央出台的第一个专门面向教师队伍建设的里程碑式政策文件。文件要求广大教师要着力提升思想政治素质，全面加强师德师风建设；加强教师党支部和党员队伍建设;提高思想政治素质;弘扬高尚师德。

这份重要文件强调了高校思想政治理论课教师提升政治素质的重要性:高校思想政治理论课教师只有具备了很高的政治素质,才能成为广大青年大学生健康成才成长的引路人和指导者。同时,这份重要文件还指出了高校思想政治理论课教师提升政治素质的具体范围包括:马克思主义理论修养,教学能力、科研水平,坚定地信仰马克思主义。

这一里程碑式文件明确指出,高校教师的思想政治素质和道德情操直接影响着青年学生世界观、人生观、价值观的养成,决定着人才培养的质量,关系着国家和民族的未来。文件要求高校教师要提高思想政治素质,加强理想信念教育,深入学习领会习近平新时代中国特色社会主义思想,要引导教师树立正确的历史观、民族观、国家观、文化观,坚定中国特色社会主义道路自信、理论自信、制度自信、文化自信;引导教师准确理解和把握社会主义核心价值观的深刻内涵,增强价值判断、选择、塑造能力,带头践行社会主义核心价值观;引导广大教师充分认识中国教育辉煌成就,扎根中国大地,办好中国教育。

2018年,全国教育大会在北京召开,习近平总书记提出把“立德树人”融入教育各个环节的要求。会后,教育部提出要推动高校全面加强课程思政建设,由此全国掀起“课程思政”的热潮,有效地将思想政治教育融入思政课以外的其他课程中,实现了各类课程与思政课在铸魂育人方面的协同一致。党和国家还通过加大对思政课建设典型的宣传力度、主流媒体节目播放展示杰出思政课教师理论成果、支持思政课教师在党报党刊上发表文章等措施,不断扩大思政课教师的影响力,创造有利于教师自我提高的社会环境。

2019年,推出思想政治理论课教师专题理论轮训计划,通过周末理论大讲堂、专题培训、实践研修等,提升思政课教师的思想理论素质，强化教师的理论功底。

2019年3月18日，习近平总书记主持召开学校思想政治理论课教师座谈会，要求广大思政课教师政治要强、情怀要深、思维要新、视野要广、自律要严、人格要正[①]，要坚持政治性和学理性相统一、价值性和知识性相统一、建设性和批判性相统一、理论性和实践性相统一、统一性和多样性相统一、主导性和主体性相统一、灌输性和启发性相统一、显性教育和隐性教育相统一，积极推动思政课改革创新。这些要求成为新时代思政课教师素养的基本标准，为扎实推进教师素质建设提供了遵循方向和行动方略。

在习近平总书记于2019年提出的思政课教师"六要"标准中，"政治要强"统领其他方面的要求，位于第一位。正是在坚持优先提升教师政治素质的前提下，党和国家培养了一大批热爱马克思主义理论教育事业的思政课教师队伍，培养了一代又一代政治素质过硬的优秀人才。

中共中央办公厅、国务院办公厅在2019年8月印发的《关于深化新时代学校思想政治理论课改革创新的若干意见》（后简称《若干意见》）要求"分课程组织编写高校思想政治理论课专题教学指南"。《若干意见》还指出，"要切实提高思想政治理论课教师综合素质，建设一支政治强、情怀深、思维新、视野广、自律严、人格正的思政课教师队伍"。《若干意见》从深化新时代思政课改革创新的重要意义和总体要求，完善思政课课程教材体系，思政课教师队伍建设等诸多方面，要求不断增强思政课的思想性、理论性和亲和力、针对性。

---

① 习近平：《思政课是落实立德树人根本任务的关键课程》，《求是》2020年第17期。

2021年，中宣部理论局和教育部教材局发布《关于做好高校思想政治理论课2021年版教材使用培训的通知》，思政课从名称到内容体系发生了较大变化。主要课程有马克思主义基本原理（简称“原理”）、毛泽东思想和中国特色社会主义理论体系概论（简称“概论”）、中国近现代史纲要（简称“纲要”）、思想道德与法治（简称“道法”）、形势与政策（简称“形策”）。

2023年，中宣部、教育部联合发文在保持原有思政课程的基础上，全国本科和高职院校增设必修课《习近平新时代中国特色社会主义思想概论》。

与时俱进是马克思主义的理论品质，也是思政课教师素质建设在过去、现在和未来保持的鲜明特色。一部思政课教师政治素质建设的历史，就是中国共产党为人民谋福利光辉历史的鲜明写照。

第二节　党的领导人对思政课的重视

思想政治理论课担负着引导大学生成长为社会有用之才的重要责任，思想政治理论课是高校思想政治工作的主渠道和主阵地。思想政治理论课教师是大学生健康成长的指导者和引路人，是共产主义理论和党的路线方针政策的传播者。思想政治理论课教师的政治素质和业务能力、工作成绩，直接关系到未来人才的素质，特别是政治素质。因此，不论是在革命战争年代，还是在今天进一步改革开放的新时代，对思想政治理论课教师的政治素质都提出了非常严格的要求，思想政治理论课教师持有什么样的政治观念对于保证人才质量相当关键。党的历代领导人都对思想政治理论课和思想政治理论课教师提出了相当高的期望。

一、毛泽东同志对高校思政课教师政治上的要求

毛泽东同志主张教育者首先应当受教育，强调教师要讲政治，要又红又专，德才兼备，反对不问政治的倾向。毛泽东同志尽管不是一位职业教师，但他在青年时期就曾想当一名教师。他曾在湖南第一师范学校就读，后来由于革命需要又多次走上讲台主讲政治课，或作形势报告。因此，毛泽东同志不仅十分关注和重视政治课，而且还从政治素质、业务能力、教学艺术等方面对政治课教师提出了相当严格而具体的要求。

毛泽东同志强调教必须学习马克思主义理论，用科学的理论武装自己头脑，才能坚持正确的政治方向。因为马克思主义理论不仅是中国共产党的指导思想，而且也是观察一切现象、处理一切问题的武器，特别是观察一切社会现象、处理一切社会问题的武器。①

毛泽东同志认为，青年除了学习专业以外，还需要学习马克思主义，学习时事政治②，否则难以大有作为。只有深入学习马克思主义的理论，用科学的方法分析和研究现实，才能在错综复杂的矛盾中保持清醒的头脑，才能坚持正确的政治方向。在抗日战争最艰苦的年代，“抗大”教师都能坚定革命理想信念，坚持把党的领导作为办学的根本

---

① 《刘少奇选集》上卷，人民出版社1981年版，第116页。

② 参见徐民华、陶卫平、步成良主编：《科学社会主义经典著作导读》，人民出版社2003年版，第520页。

原则，用马克思主义理论武装头脑。

1938年4月9日，毛泽东同志在回答抗日军政大学学员提出的“抗大学习什么”的问题时表示，首先要学习的是一个正确的政治方向；其次要学一个达到及完成这种政治方向的工作作风——艰苦奋斗的工作作风；再次是要学点战略战术，因为抗大是军事学校，要学做一个军人，学点军事本领。[①]“没有坚定正确的政治方向，就不能激发艰苦奋斗的工作作风；没有艰苦奋斗的工作作风，也就不能执行坚定正确的政治方向”。[②]

延安时期，在毛泽东同志的大力推动下，我们党陆续创建了抗日军政大学、陕北公学、中央马列学院等十几所干部学院。这些学校在文化课程设置方面虽然各不相同，但共同之处在于都把马列主义理论作为一门重要课程，这在理想信念教育中发挥了重要作用。因此，它们培养出的人才，除了有自己的专业特长，都具有坚定的共产主义理想信念和高尚的道德品格。

“抗大”政治课教师是“忠诚党的教育事业”的典范。“抗大”教职员大多数都是历经战火考验的英雄，尽管他们渴望上战场经历枪林弹雨，但他们还是听党的话，呕心沥血，非常敬业地从事教育教学工作。毛泽东同志曾多次称赞说，“抗大”教职员是最无私的，一不谋官，二不谋利，把自己的一切都献给了革命，献给了人民，乐得桃李满天下，乐得青出于蓝而胜于蓝。[③]

开设政治课是中国共产党开展思想政治教育活动的一个重要组

---

① 《毛泽东文集》第2卷，人民出版社1993年版，第116—117页。

② 《毛泽东著作专题摘录》，人民出版社1964年版，第1103页。

③ 杨彩霞：《抗大的魅力究竟在哪》，《学习时报》2016年7月18日。

成部分。早在第二次国内革命战争时期，毛泽东同志主持起草的《古田会议决议》中就指出："红军内最迫切的问题，要算是教育的问题。……要从党内教育做起。"[①]其中在提到"士兵政治训练问题"时，该决议特别强调了要用"上政治课"的方法来加强红军的思想政治教育。[②]毛泽东同志在抗日战争时期强调指出，思想政治教育工作是"团结全党进行伟大政治斗争的中心环节"[③]，是"激发官兵最大限度的抗战热忱"[④]的重要途径。

毛泽东同志要求："大学、中学都要求加强思想、政治领导和改进思想、政治教育"[⑤]，各级党委的第一把手要亲自抓学校的思想政治教育，如果"书记不管，宣传部长就很难管"[⑥]，"那就很危险"[⑦]。党领导学校工作的一个重要方面就是政治理论课的开设和管理。毛泽东同志要求学校党委（支部）必须把抓好政治理论课工作当作自己的主要任务之一，指出："加强党的领导。建议各地党委宣传（文教）部和高等学校、中等学校党组织，加强对政治理论课的领导，着重抓方向、抓教学、抓队伍。"[⑧]根据党的教育方针，中共中央、国务院《关于教育工作的指示》明确要求：政治教育和思想教育只能加强，不能削弱；不论用什么

① 《毛泽东军事文集》第1卷，中央文献出版社1993年版，第103页。

② 余世诚：《毛泽东的"教师情结"》，《石油教育》2000年第5期。

③ 《毛泽东选集》第3卷，人民出版社1991年版，第1094页。

④ 《毛泽东选集》第2卷，人民出版社1991年版，第551页。

⑤ 吴云才：《毛泽东关于青年思想政治教育的理论与实践》，《湖南社会科学》2012年第2期。

⑥ 《毛泽东文集》第7卷，人民出版社1999年版，第247页。

⑦ 《毛泽东选集》第5卷，人民出版社1978年版，第357页。

⑧ 中央文献研究室编：《建国以来重要文献选编》第19册，中央文献出版社2011年版，第223页。

借口，拒绝在学校中开设政治课、轻视政治思想工作的言行，都是错误的[①]，必须坚决纠正。因此，从20世纪50年代开始，我国各个高等学校都开设了革命的政治教育与思想教育等政治课程。

二、邓小平同志始终关心高校思政课教师人才建设

邓小平同志对于思想政治理论课的关心极富时代性、战略性和全局性。1986年8月，邓小平同志在视察天津时明确指出："改革，现代化科学技术，加上我们讲政治，威力就大多了。"在这次谈话中，他提出了一个非常重要也是一直影响至今的著名观点："到什么时候都得讲政治。"[②]毫无疑问，学校应该永远把坚定正确的政治方向放在第一位。政治觉悟越是高，为革命学习科学文化就应该越加自觉，越加刻苦。各级党委和学校的党组织，应该热情地关心和帮助教师思想政治上的进步，帮助他们认真学习马克思列宁主义、毛泽东思想，使更多的人牢固地树立起无产阶级的共产主义的世界观。[③]

新中国成立后，邓小平同志担任西南局第一书记，全面负责领导西南地区政权建设、社会改造和经济恢复等。1950年，邓小平同志与刘伯承一起创办了西南人民革命大学。邓小平同志经常到西南人民革命大学与师生座谈，作形势报告，还询问教学计划安排，并要求党政军领导都要尽最大力量关心支持西南人民革命大学的工作。

① 中央文献研究室编：《建国以来重要文献选编》第19册，中央文献出版社2011年版，第491页。

② 《邓小平文选》第3卷，人民出版社1993年版，第166页。

③ 参见《邓小平文选》第2卷，人民出版社1994年版，第109页。

邓小平同志始终站在关注社会主义历史命运的高度，反复强调要坚持社会主义办学方向，处理好坚持改革开放与坚持四项基本原则的关系，造就一代又一代社会主义事业的建设者和接班人。

1978年，邓小平同志指出："为了培养社会主义建设需要的合格的人才，我们必须认真研究在新的条件下，如何更好地贯彻教育与生产劳动相结合的方针。"[①]邓小平同志对教师高度重视，要求全社会都要尊师重教，尊重知识，尊重人才。1978年4月22日，在全国教育工作会议上，邓小平同志说："一个学校能不能为社会主义建设培养合格的人才，培养德智体全面发展、有社会主义觉悟的有文化的劳动者，关键在教师。"

1983年国庆节，邓小平同志在景山学校成立20周年之际题写了"教育要面向现代化，面向世界，面向未来"的题词。"三个面向"是邓小平同志对全国教育事业发展与改革提出的卓有远见的战略部署，是我国教育深化改革和健康发展的指导思想，也是邓小平同志教育理论的最为核心的组成部分。

1986年，邓小平同志要求"要加强各级学校的政治教育、形势教育、思想教育，包括人生观教育、道德教育"[②]。1989年前后，邓小平同志多次深刻地指出："十年最大的失误是教育，这里我主要是讲思想政治教育，不单纯是对学校、青年学生，是泛指对人民的教育。对于艰苦创业，对于中国是个什么样的国家，将要变成一个什么样的国家，这种教育都很少，这是我们很大的失误。"[③]

---

① 《邓小平文选》第2卷，人民出版社1994年版，第107页。

② 《邓小平文选》第2卷，人民出版社1994年版，第369页。

③ 《邓小平文选》第3卷，人民出版社1993年版，第306页。

邓小平同志曾指出，一个学校能不能为社会主义建设培养合格的人才，关键在教师。只有打造一支高素质复合型的思政课教师队伍，才能发挥思政课关键课程的作用，形成以思政课教师为主导、以学生为中心的思政育人环境。

三、江泽民同志非常重视高校思政课教师的政治素质

1999年6月15日，在第三次全国教育工作会议上讲话，江泽民同志强调指出："思想政教育，在各级各类学校都要摆在重要地位，任何时候不能放松和削弱。思想政治素质是最重要的素质。不断增强学生和群众的爱国主义、集体主义、社会主义思想，是素质教育的灵魂。"①

江泽民同志明确指出，振兴民族的希望在教育，振兴教育的希望在教师。党的十四届三中全会后，江泽民同志曾多次强调教师核心素养对人才培养的作用。他在第三次全国教育工作会议上的讲话中明确提出："教师是学生增长知识和思想进步的导师，他的一言一行，都会对学生产生影响，一定要在思想政治上、道德品质上、学识学风上，全面以身作则，自觉率先垂范，这样才能真正为人师表。"

2002年9月8日，在庆祝北京师范大学建校一百周年大会上的讲话中，江泽民同志希望全国广大教师志存高远、爱国敬业，为人师表、教书育人，严谨笃学、与时俱进。他说，百年大计，教育为本。教育大计，教师为本。江泽民同志指出，教师是学生增长知识和思想进步的导师，他的一言一行，都会对学生产生影响，一定要在思想政治、道德

① 《教育必须以提高国民素质为根本宗旨》，《解放军报》1999年6月16日。

品质、学识学风上全面以身作则，自觉率先垂范，这才能真正为人师表。

四、胡锦涛同志深切关心师德建设

2004年5月10日，胡锦涛同志在全国加强和改进未成年人思想道德建设工作会议上提出，广大教师要为人师表，注重师德修养，以高尚的情操教书育人，注重素质教育和德育工作，充分发挥其在未成年人思想道德建设中的重要作用。

2006年9月，胡锦涛总书记亲自给北京大学教授孟二冬的女儿复信，表达了总书记对师德建设的深切关心。他提出了教师的两个基本标准——人格魅力和学识魅力。

2007年8月31日，胡锦涛同志在全国优秀教师代表座谈会上重要讲话指出：教师是人类文明的传承者。推动教育事业又好又快发展，培养高素质人才，教师是关键。没有高水平的教师队伍，就没有高质量的教育。他还指出："高尚的师德，是对学生最生动、最具体、最深远的教育。"教师要注重言教，更要注重身教，以自己的模范行动影响和带动学生，以自己的学术造诣和优秀品格赢得学生的尊重和热爱。在这次会议上，胡锦涛同志第一次明确指出，"把立德树人作为教育的根本任务"。

党的十六大报告要求加强教师队伍建设，提高教师的师德和业务水平。党的十六大后，党中央贯彻落实胡锦涛同志关于高校思政课的重要批示精神，把高校思政课课程体系由"98方案"发展到"05方案"，并系统地阐述了高校思政课教师的核心素养。

2005年，中共中央宣传部和教育部发布的《关于进一步加强和改进高等学校思想政治理论课的意见》指出：思政课教师"要坚持正确的政治方向，加强思想道德修养，增强社会责任感，不断完善知识结构，提高教育教学能力”，进一步强调思政课教师应具备“政治坚定、业务精湛、师德高尚”的素养。

2010年7月13日，胡锦涛同志在全国教育工作会议上指出，努力造就一支师德高尚、业务精湛、结构合理、充满活力的高素质专业化教师队伍。2011年，胡锦涛同志在主持中央政治局第26次集体学习时指出，“着力建设高素质教师队伍”。胡锦涛同志在中国共产党第十七次全国代表大会上的报告指出：加强教师队伍建设，重点提高农村教师素质。

五、习近平总书记关于思政课教师政治素质建设的重要论述

关于思政课教师政治素质和关于党的政治建设，习近平总书记有过很多重要论述，对于新时代加强学校思政课教师队伍建设，增强思政课的渗透力和影响力具有纲领性的指导作用。

习近平总书记非常关注思政课建设，在一系列重要讲话中多次谈到思政课，强调最多的也是思政课。

2014年，习近平总书记在北京师范大学发表了题为《做党和人民满意的好老师》的重要讲话，从政治品质、道德修养、专业能力以及职业操守等方面提炼了新时代教师应具备的基本要求，指出“好老师”应该做到有理想信念、有道德情操、有扎实学识、有仁爱之心。

2016年12月7日至8日，习近平总书记在北京召开的全国高校思想政治工作会议上的讲话中指出：“我们的高校是党领导下的高校，是中国特色社会主义高校。办好我们的高校，必须坚持以马克思主义为指导，全面贯彻党的教育方针。要坚持不懈传播马克思主义科学理

论，抓好马克思主义理论教育，为学生一生成长奠定科学的思想基础。要坚持不懈培育和弘扬社会主义核心价值观，引导广大师生做社会主义核心价值观的坚定信仰者、积极传播者、模范践行者。要坚持不懈促进高校和谐稳定，培育理性平和的健康心态，加强人文关怀和心理疏导，把高校建设成为安定团结的模范之地。要坚持不懈培育优良校风和学风，使高校发展做到治理有方、管理到位、风清气正。[①]他还指出："教师是人类灵魂的工程师，承担着神圣使命。传道者自己首先要明道、信道。高校教师要坚持教育者先受教育，努力成为先进思想文化的传播者、党执政的坚定支持者，更好担起学生健康成长指导者和引路人的责任。要加强师德师风建设，坚持教书和育人相统一，坚持言传和身教相统一，坚持潜心问道和关注社会相统一，坚持学术自由和学术规范相统一，引导广大教师以德立身、以德立学、以德施教。"[②]教师要确立大境界、大胸怀、大格局，让自己更加出色，才能担负起教育人培养人的重任。对高校思想政治理论课教师的第一个要求就是政治上必须可靠。

2018年，在北京大学师生座谈会上，习近平重申"四有"要求，并重点强调了师德师风作为教师素质评价的第一标准。

2018年8月，在全国宣传思想工作会议上，习近平指出，"中国特色社会主义进入新时代"。进入新时代，我国改革推进的难度和风险越来越大，面临的国际国内形势已发生广泛而深刻的变化，党的意识形态工作将面临新的问题和任务，必须把统一思想、凝聚力量作为宣传思想工作的中心环节。他指出宣传思想工作是做人的工作的，要把

---

① 习近平：《把思想政治工作贯穿教育教学全过程》，新华社2016年12月8日。

② 习近平：《把思想政治工作贯穿教育教学全过程》，新华社2016年12月8日。

培养担当民族复兴大任的时代新人作为重要职责。他强调,高校是党领导下的高校,是中国特色社会主义高校。高校教师要坚持教育者先受教育,努力成为先进思想文化的传播者、党执政的坚定支持者,更好地担起学生健康成长指导者和引路人的责任。

2019年3月18日,习近平总书记在学校思想政治理论课教师座谈会上高瞻远瞩地要求思政课教师"政治要强、情怀要深、思维要新、视野要广、自律要严、人格要正",提炼了党对新时代学校思政课教师素养的核心要义,这将成为新时代思政课教师的标杆要求,所有学校思政课教师要严格按照习近平总书记亲自提出的标准,努力使自己不断进步。习近平总书记对思政课教师的第一条要求就是政治要强,这是对新时代思政课教师政治素质提出的最基本要求,对于其他素质要求具有统领地位。政治要强,就是政治上必须过硬,头脑要清醒,政治立场要坚定,坚持正确的政治原则和政治方向,严守党的政治规矩和政治纪律,自觉做政治上的明白人。习近平总书记说:"青少年阶段是人生的'拔节孕穗期',最需要精心引导和栽培。"[①]这就是他常说的要帮助青少年学生"扣好人生第一粒扣子"。

2019年,习近平总书记指出,"在大中小学循序渐进、螺旋上升地开设思想政治理论课非常必要,是培养一代又一代社会主义建设者和接班人的重要保障"[②]。

习近平总书记说:"办好思想政治理论课关键在教师,关键在发挥

① 习近平:《用新时代中国特色社会主义思想铸魂育人 贯彻党的教育方针落实立德树人根本任务》,《人民日报》2019年3月19日。

②《习近平:用新时代中国特色社会主义思想铸魂育人 贯彻党的教育方针落实立德树人根本任务》,《人民日报》2019年3月19日。

教师的积极性、主动性、创造性。”[①]总书记还讲道：“一个人遇到好老师是人生的幸运，一个学校拥有好老师是学校的光荣，一个民族源源不断涌现出一批又一批好老师则是民族的希望。”[②]

思政课要解决学生理想信念问题，要让有信仰的人讲信仰。对马克思主义的信仰，对社会主义和共产主义的信念，只有首先在思政课教师心中扎下根，才能在学生心中开花结果。思政课教师只有自己信仰坚定，对授课内容高度认同，做学习和实践马克思主义的典范，才能讲得有底气，讲深讲透，才能有效引导学生真学、真懂、真信、真用。要善于从政治上看问题，自觉用新时代中国特色社会主义思想武装头脑，在大是大非面前保持政治清醒。教师是释疑解惑的，自己都疑惑重重，讲出来的东西不会是充分坚定、富有感染力的。[③]

习近平总书记在这次讲话中，还特别提到，思想政治理论课教学涉及马克思主义哲学、政治经济学、科学社会主义，涉及经济、政治、文化、社会、生态文明和党的建设，涉及改革发展稳定、内政外交国防、治党治国治军，涉及党史、国史、改革开放史、社会主义发展史，涉及世界史、国际共运史，涉及世情、国情、党情、民情，等等。思想政治理论课由于这些特殊性因而对任课教师的综合素质要求很高。

思政课具有不可替代的作用，思政课教师队伍责任重大。思政课是落实立德树人根本任务的关键课程，思政课教师队伍则是落实立德

---

① 习近平：《思政课是落实立德树人根本任务的关键课程》，人民出版社2020年版，第10页。

② 习近平：《做党和人民满意的好老师—同北京师范大学师生代表座谈时的讲话》，《人民日报》2014年9月10日。

③ 习近平：《思政课是落实立德树人根本任务的关键课程》，人民出版社2020年版，第12页。

树人根本任务的重要力量。思政课教师必须充分发挥思想政治理论课的政治引导功能,以透彻的学理分析引领说服学生,引导学生真正接受伟大的马克思主义理论。

2020年第17期《求是》杂志刊发了习近平总书记的重要文章《思政课是落实立德树人根本任务的关键课程》。习近平总书记在文章中明确提出:"政治要强,思政课要解决学生理想信念问题。"思政课教师只有自己信仰坚定,对所讲内容高度认同,做学习和实践马克思主义的典范,才能讲得有底气,讲深讲透,才能有效引导学生真学、真懂、真信、真用。

习近平总书记在学校思想政治理论课教师座谈会上的重要讲话中特别指出:"讲好思政课不容易,因为这个课要求高。"习近平在讲深化思想政治理论课的改革创新时强调需要做到八个统一,而其中第一个统一则是"坚持政治性和学理性相统一"。[①]之所以这个坚持要排第一,因为它是最重要的。

习近平总书记指出:"思政课教师要有堂堂正正的人格,用高尚的人格感染学生、赢得学生。"[②]要有学识魅力,用真理的力量感召学生,以深厚的理论功底赢得学生。思想要有境界,语言也要有魅力,从教师的话语中,学生能够感受到教师的人格和学识。要自觉做到修身修为,像曾子那样"吾日三省吾身",像王阳明那样"诚意正心"、"知行合一",自觉做为学为人的表率,做让学生喜爱的人。[③]

我国历代领导人都高度重视党的政治建设,也特别关注学校思想

---

① 习近平:《思政课是落实立德树人根本任务的关键课程》,《求是》2020年第17期。

② 习近平:《思政课是落实立德树人根本任务的关键课程》,《求是》2020年第17期。

③ 习近平:《思政课是落实立德树人根本任务的关键课程》,人民出版社2020年版,第16页。

政治理论课和学校思想政治理论课教师的素质养成。正因为有党的深切关怀,才使我国学校思想政治理论课得到长足发展,教师群体也越来越出色。

第四章　高校思政课教师政治素质现状

改革开放以来，在党和国家的重视下，高校思想政治教育取得的成绩是全社会有目共睹的，但一些高校思想政治理论课教师也还是存在着一些不足之处，这其中有多方面的原因。

第一节　高校思政课教师政治素质有待进一步提升

中国共产党自建党以来到今天的新时代，高校思政课教师群体发生了无数变化，政治素质也随之出现了相应的变化。如今，新时代的高校思政课教师群体达十余万人，已经形成一支稳定的、政治上可靠的、专业知识完善的先进群体，成为把培养人才准政治方向的重要引路人。

一、总体情况概述

高校思政课教师群体的政治素质总体情况是不错的。整个队伍是先进的、出色的。经过多年的历练,高校思政课教师群体整体上都具有坚定的政治方向。在伟大的中国共产党的培养和教育下,高校思政课教师群体普遍注重强化政治素质。

高校思政课教师群体在入职时也更多地被注重考察政治素质。入职环节的考察在高校思政课教师群体扩充和发展时就很严格,在源头上坚决杜绝政治素质不合格者混入这支优秀的育人队伍。当前,这一环节显得越来越重要。

进入新时代,意识形态工作必须直接面对日益复杂的国际国内形势,党和国家对高校思政课更加重视,对高校思政课普遍增加了投入,加强了对思政课教师理论和实践的培训,思政课教师队伍整体的政治素质也正在逐年提升。高校思政课的地位和作用也逐渐达到与国家前途和命运紧密相关的高度,为了完成好培育时代新人的任务,各级部门都要更加重视高校思想政治理论课教师政治素质的提升。

新时代的高校思政课教师基本上非常热爱自己的本职工作。高校思政课教师现在全部隶属马克思主义学院,尤其是各大高校成立马克思主义学院以后,高校思政课教师群体就有了自己的家,能得到组织更多的关怀,业务水平普遍有了飞速进步,高校思政课教师群体为伟大的高等教育事业作出的贡献也更大了。

在党中央的亲切关怀下,关心高校思政课课程建设和高校思政课教师群体的文件不断出台,引起社会各界的高度关注,这些系列重要文件除了对高校思政课课程建设和高校思政课教师群体表示热诚关心的同时,还相应地对高校思政课课程建设和高校思政课教师群体提出更高的要求。所有文件的共性,都是把对高校思政课教师群体政治素质的要求放在第一位。这也说明了,对于高校思政课教师群体政治素质的要求始终是最重要的。因而,在党和政府的严格要求下,通过高校思政课教师群体的自我教育和自我约束,高校思政课教师群体的政治素质总体情况还是不错的,高校思政课教师群体基本上成为社会成员中政治素质比较高的职业群体,普遍受到其他社会成员的信赖和尊敬。

2013年,中组部、中宣部、教育部党组联合印发《关于加强和改进高校青年教师思想政治工作的若干意见》,其后教育部在答记者问中指出,青年教师的思想政治素质总体上是积极向上的,多数青年教师具有较高的政治觉悟、健康的人生观和价值观,对建设中国特色社会主义事业充满信心。他们爱岗敬业,关爱学生,业务上善于思考、勇于创新,有着良好的团结协作精神,认为教师职业神圣,愿意为推进教育事业的发展奉献自己的聪明才智。

二、高校思政课教师政治素质待提升之处

高校思政课教师大部分都是共产党员,有一定的马列主义理论积累,能够坚持正确的政治方向,但仍有少数教师存在一定程度的政治意识不强、政治学习积极性不高。

2015年7月30日,中央宣传部、教育部印发的《普通高校思想政治理论课建设体系创新计划》中提到,思想政治理论课建设自身也还存在许多困难和不足,一些地方和高校对思想政治理论课仍然重视不够,政策条件保障尚未落实到位,思想政治理论课在高校考核评价体系中的地位和作用不够突出;统筹推进教材修订完善、教师队伍建设、教学方法改革的意识不强,思想政治理论课建设体系尚未完全形成;

教师队伍建设不适应思想政治理论课改革发展需求，整体素质亟待提升；改革创新的手段不多，制约思想政治理论课针对性实效性的瓶颈亟待突破；有效整合全社会资源的力度不够，思想政治理论课建设全员全方位全过程育人的格局仍需巩固。高校思政课教师必须深入贯彻落实习近平总书记重要批示精神，充分认识思想政治理论课建设的重要性、长期性、艰巨性、复杂性，以执着的信念、坚定的信心，攻坚克难，勇于创新，切实把思想政治理论课办好。

当前高校思政课教师在政治意识和政治能力方面仍存在一些不足，还需要进一步提升。

第一，个别高校思政课教师没有意识到思想政治理论课具有鲜明的政治属性，对其重视程度不够。在教学中把政治倾向性极强的思想政治理论课抽象出纯粹的专业课程，完全弱化了思想政治理论课的政治属性。授课中只是按部就班地按照教材要求讲述，因而，在整个教学活动中没有对学生表达马克思主义理论的魅力，学生也感受不到真理的力量。这样的高校思政课教师是没有履行好自己的政治责任，思政课教师只有对马克思主义"真信、真学、真教、真用"，才能理直气壮地给学生传播马克思主义理论，才能真正吸引学生的注意力，使学生对于教育教学内容入耳、入脑、入心。

高校思政课教师要做政治上的明白人，在重大原则问题和大是大非面前立场坚定、旗帜鲜明，同党中央保持高度一致，坚持"五个必须"，严防"七个有之"，坚决同各种违背原则、违反党纪党规、损害党中央权威现象作斗争。

当前社会上的"低级红、高级黑"危害相当大，这些现象在个别高校也不同程度地存在着。高校思政课教师绝对不能落入这样的陷阱，必须坚决禁止搞任何形式的"低级红"和"高级黑"，坚决反对做"两面人"、搞"两面派"、搞"伪忠诚"，要增强政治敏锐性和政治鉴别力。

高校思政课教师是为党工作的,党员教师尤其要强化党的意识和组织观念,自觉做到在思想上认同组织、政治上依靠组织、工作上服从组织、感情上信赖组织。高校思政课教师如果没有强烈的政治热情,就会缺乏敬业精神,就不会重视繁杂琐碎辛苦的教育教学工作,最终还会影响育人成效。

政治纪律是最重要、最根本、最关键的纪律,遵守党的政治纪律是遵守党的全部纪律的重要基础。高校思政课教师是共产党员,更应该成为坚守政治纪律的典范。高校必须坚决反对和纠正个人主义、分散主义、自由主义、本位主义、好人主义,对结党营私、拉帮结派,搞圈子文化、码头文化必须严肃查处、决不姑息;坚决防止党内形成利益集团攫取政治权力、改变党的性质,防止山头主义和宗派主义危害党的团结、破坏党的集中统一。

第二,高校思政课教师政治素质待提升之处除了体现在政治意识不强以外,还存在着政治能力较弱的现象。这些都会削弱高校思政课教师践行党的政治使命的实际成果。

部分高校思政课教师对马列主义原著研读不深刻。兼课的外聘教师或者辅导员的马列主义理论知识更加无法得到有效保证,因而在授课时有些力不从心,更谈不上跟学生准确而深入地讲解马列主义理论。高校思想政治理论课教师如果没有足够的政治敏锐和政治鉴别能力,是无法防范政治风险的。在教育教学过程中,一旦遇到突发事件,教师要善于运用先进的信息传播技术迅速化解风险,使负面影响最小化,坚决杜绝非政治风险转化为政治风险。党的政治建设始终需要强大道德力量作为坚实的精神支持。蕴含强大道德力量的政治活动一定能发挥重要的引领作用和影响力、感召力。高校思想政治理论课教师要以高尚的道德品质、崇高的人格魅力做教育对象的表率。如果没有从道德上从严要求自己,自己的德行和操守不够,就无法起到示范作用,也不能成为学生的榜样。

高校思政课教师要尽可能寻找一切渠道全面提升自己的综合素养,特别是要根据时代发展的需要,逐步强化政治素质。

第二节　外部环境的影响

恩格斯曾说:"人们自觉地或不自觉地,归根到底总是从他们阶级地位所依据的实际关系中……进行生产和交换的经济关系中,获得自己的伦理观念。"[①]

当今世界进入动荡变革期,国际关系紧张,地缘政治冲突不断,内外环境空前复杂,世界经济复苏乏力,经济发展不平衡,一些领域风险隐患逐步显现,全球治理体系不稳定性、不确定性更加突出。每个个体一定是生活于一定的环境之中,不可避免地受到环境的影响。作为承担立德树人伟大使命的高校思政课教师群体更是跟整个外部环境紧密相连、深度融合,会受到客观环境的影响。

一、市场经济大潮的冲击

身处如此复杂的国际内外环境中,高校思政课教师政治素质也有了新的变化。经济全球化的影响是无法抗拒的。随着中西方的进一

① 《马克思恩格斯选集》第3卷,人民出版社1995年版,第434页。

步交流和深度融合，西方国家教育观念和模式很容易给高校思政课教师的政治教育成果带来一定消解。

经济全球化浪潮使人们的视野更开阔、观念更现代，但伴随着一些不良思潮的渗透，向中国特色社会主义思想政治教育提出了新的挑战。在市场经济大潮的洗礼中，人的价值取向是很容易动摇的。一些不受推崇的观念，如，重实惠轻道义，见利忘义，自私自利等，都容易引发现代人对传统社会约定俗成的道德体系产生疑惑。一部分思想政治课教师思想上一度出现迷茫，难以适应全球化时代经济社会快速转型对思想政治理论课教学提出的挑战。

二、新媒体的双面影响

进入新时代，信息传播技术发展更为迅猛，几乎是日新月异。信息传播技术与高校思想政治课教学的深度融合，极大地冲击了传统的思想政治课教学模式，一些教师还难以迅速从传统思想政治课教学形成的心理定式中挣脱出来，因而，适应现代化信息传播新技术和新模式的动力也大打折扣。

网上的信息有时本来就不正确，自然会误导公众。一些网站尤其是商业网站在刊载一些新闻报道或观点文章时，经常断章取义，使用夸张的标题、夸大的事实来吸引关注度，也许某些话的确是当事人说过的，但需要结合语境理解其本意。互联网上本源性失真的信息可能还会以新媒体的其他形式进行再传播。

1.信息传播以讹传讹

新媒体为人们获取信息提供了极大自由和方便，新媒体求证信息的真实性本来就很难，传播渠道又复杂多变，哪怕是原本真实的信息经过多级传播后，也很有可能使信息偏离其本质，由于混沌学中的蝴蝶效应会导致以讹传讹。而很多网民的评论是来源于错误的、片面的信息，观点自然就无法正确。有的网民言辞激烈，其实是因为没有看到全面准确的信息。高校思政课教师也很难辨别这些失真信息的，所以容易被误导。

2.信息泛滥难以选择

在全媒体的环境中，思想政治教育工作的成效被不断消解，学生对各种信息的判断和选择愈加困难，各种随之而来的思想意识问题更多。高校思想政治教育工作要守土有责，积极调整战略战术以应对全媒体时代带来的全新挑战。

在全媒体时代，网络传播的便捷性、开放性、匿名性、自由性和去中心化特征，使得各种良莠不齐的信息充斥网络空间的每个角落。全媒体时代的信息流动方向是多维的，信息量呈几何能量级倍增，传播渠道日益多样化，导致信息传播更加纷繁复杂。任何人都是全媒体的客户端，都可以通过全媒体发布信息，没有任何可控性。

各类信息应有尽有、五花八门，让人应接不暇，容易造成信息选择困境，导致受众出现信息选择焦虑。在信息爆炸时代，受众很少深入思考自己真正所需的信息，很少去考量信息的价值，更不会思考信息传播的道德问题，往往凭借着个人兴趣，或者被“标题党”信息所吸引而进行碎片化阅读，十分被动地接收信息。

信息通过文本、图形、图像、视频、音频等多种形式，以惊人的速度生产出来，劣质内容的充斥给受众的选择造成困扰，并且造成时间和精力的浪费。由于大数据新技术对受众的精准分类，受众往往习惯于最先接收自己经常选择的感兴趣的信息，以至于大量接收同类性质的信息，落入全媒体时代的新型信息孤岛，深深陷进狭隘的“信息茧房”。

算法推荐虽然实现了信息的定制化、传播智能化，缓解了信息过量带来的信息选择困惑，但不过滤信息，无法保证信息质量，只是迎合受众的阅读兴趣，这会引发大学生群体内部沟通和理解上出现“圈层化”，对高校思想政治教育也产生了不容忽视的负面影响。大量无用的、重复的信息不仅耗费了大量的信息传播资源，同时也增加了受众的信息判断和信息选择的难度，从而使受众更加焦虑浮躁。

如今，只要拥有一部手机就可以了解整个世界。全媒体以其信息即时性、丰富性、互动性、智能性等优势融入大学生的日常学习活动，改变大学生的生活习惯、学习方式和价值观，影响逐渐加大，并愈发深刻，对大学生思想政治教育的成效会产生一定程度的弱化。

3.夸大负面新闻以提高关注度

有些新媒体把个别现象扩大化、典型化、普遍化，造成公众恐慌。大学是一个信息集散地，负面信息特别容易被媒体反复炒作，但很多对大学生的报道是不准确的，这些都对大学生造成了伤害。毫无疑问，负面新闻过多的炒作渲染会对大学生造成更大的负面影响。

这些不良信息也会或多或少地影响高校思政课教师，每个人都无法脱离大环境的熔炼。毕竟，人是一切社会关系的总和，每个人都有着环境的烙印。

第五章 高校思政课教师政治素质的养成路径

培养和提升高校思政课教师的政治素质要从多方面努力。

第一节 加强高校思政课教师的政治建设

一、坚持党的领导

中国共产党是中国特色社会主义事业的领导核心。必须加强党的领导,必须高度重视推进高校思政课教师更加积极履行以马克思主义理论为指导来培育人才、指导学生系好“人生第一粒扣子”的育人使命。党对高校思政课教师队伍的领导和管理,是高校思政课教师政治素质提高的根本保障。

（一）党的领导始终是高校思政课教师政治素质建设的根本保证

1978年，在人民教育事业百废待兴之际，教育部办公厅就指出建立健全各级领导体制是解决高校马列主义理论教育诸多问题的关键，在中央和地方各级党委、政府的领导下，思政课教师队伍重新建立并逐渐走出困境。党和国家加强并完善党委领导下的校长负责制，多次出台重要文件指导深入开展思政课改革，并多次召开高校党建与思想政治工作会议推进思政课建设。在党和国家的高度重视和亲切关怀下，一系列推进思政课教师素质建设的制度和政策得以逐步建立并趋于成熟。

党的十八大以后，习近平总书记先后主持召开了全国高校思想政治工作会议和学校思想政治理论课教师座谈会，针对思政课建设做出重要指示和部署，高校思政课教师素质涵养迈上了新台阶。党的领导能保证高校思政课教师政治素质建设始终坚持正确的政治方向。

习近平总书记指出："我国高等教育肩负着培养德智体美全面发展的社会主义事业建设者和接班人的重大任务，必须坚持正确政治方向。"[①]习近平总书记强调："办好我们的高校，必须坚持以马克思主义理论为指导，必须全面贯彻党的教育方针，必须坚持不懈传播马克思主义科学理论，必须抓好马克思主义理论教育，为学生一生成长奠定科学的思想基础。"[②]

---

① 习近平：《把思想政治工作贯穿教育教学全过程》，新华社2016年12月8日。

② 习近平：《把思想政治工作贯穿教育教学全过程》，新华社2016年12月8日。

（二）高校党委对学校工作实行全面领导

习近平总书记指出："办好我国高等教育，必须坚持党的领导，牢牢掌握党对高校工作的领导权，使高校成为坚持党的领导的坚强阵地。党委要保证高校正确办学方向，掌握高校思想政治工作主导权，保证高校始终成为培养社会主义事业建设者和接班人的坚强阵地。各级党委要把高校思想政治工作摆在重要位置，加强领导和指导，形成党委统一领导、各部门各方面齐抓共管的工作格局。各地党委书记和有关部门党组书记要多到高校走走，多同师生接触，多次去高校作报告，回答师生关注的理论和现实问题。要加强同高校知识分子的联系，多关心、多交流、多鼓励，善交朋友、广交朋友、深交朋友，多听他们的意见，真听他们的意见。"①

高校党委对学校工作实行全面领导，承担管党治党、办学治校主体责任，把方向、管大局、作决策、保落实。要加强高校党的基层组织建设，创新体制机制，改进工作方式，提高党的基层组织做思想政治工作能力。要做好在高校教师和学生中发展党员工作，加强党员队伍教育管理，使每个师生党员都做到在党爱党、在党言党、在党为党。习近平总书记指出："我们的高校是中国共产党领导的高校，是具有中国特色的社会主义高校。"②因此，必须坚持社会主义办学方向，不断增强道路自信、理论自信、制度自信、文化自信。

---

① 习近平：《把思想政治工作贯穿教育教学全过程》，新华社2016年12月8日。

② 习近平：《坚持和加强党对高校的全面领导》，《人民日报》2021年3月25日。

二、以习近平新时代中国特色社会主义思想为指导

高校思政课教师政治素质建设要以习近平新时代中国特色社会主义思想为指导,不断加强政治学习。高校思政课教师的政治学习不仅是提高业务素质的要求,更是提升政治素养的要求。思政课教师承担着塑造灵魂、塑造生命、塑造人的历史重任。广大思政课教师是新时代中国特色社会主义的传道者,责任重大,使命光荣。打铁先需自身硬,思政课教师只有不间断地加强政治学习,才能增强对理论的理解和领悟,及时了解并领会习近平总书记系列重要讲话精神和我党治国理政的新理念新思想新战略;才能找准思政课教师角色定位,勇于担当责任并在意识形态的"交锋地"中旗帜鲜明地站稳立场,批判各种错误思潮,不断强化政治意识、大局意识、核心意识、看齐意识。

(一)树立中国特色社会主义理想信念

2013年教师节,习近平总书记对广大教师提出"三个牢固树立",第一个就是"牢固树立中国特色社会主义理想信念";提出好老师的四个标准,第一个标准是强调要有理想信念。

习近平总书记2014年教师节时同北京师范大学的师生代表座谈时就如何做一名好老师提出4点要求,即:要有理想信念、有道德情操、有扎实学识、有仁爱之心要求高校教师要坚持教育者先受教育,努力成为先进思想文化的传播者、党执政的坚定支持者,更好担起学生健康成长指导者和引路人的责任。①

① 《习近平:做党和人民满意的好老师》,《人民日报》2014年9月10日。

2016年在考察北京八一学校时，他希望广大教师认清肩负的使命和责任，教育和引导学生热爱祖国、热爱人民、热爱中国共产党；2016年在全国高校思想政治工作会议上，习近平总书记强调，“传道者自己首先要明道、信道。高校教师要坚持教育者先受教育，努力成为先进思想文化的传播者、党执政的坚定支持者”①。2018年在北京大学考察时，习近平总书记强调：“要坚持教育者先受教育，让教师更好担当起学生健康成长指导者和引路人的责任。”②

（二）高校立身之本在于立德树人

思想政治教育过程是全员全过程全方位的。习近平总书记在全国高校思想政治工作会议上强调，“高校思想政治工作关系高校培养什么样的人、如何培养人以及为谁培养人这个根本问题。要坚持把立德树人作为中心环节，把思想政治工作贯穿教育教学全过程，实现全程育人、全方位育人，努力开创我国高等教育事业发展新局面”。习近平总书记这一要求将是今后我国高校工作的中心任务。作为高校思想政治工作的核心内容，思想政治理论教育将正面回答“培养什么样的人”这一重要问题。

习近平总书记强调，“我国有独特的历史、独特的文化、独特的国情，决定了我国必须走自己的高等教育发展道路，扎实办好中国特色社会主义高校”。我国高等教育发展方向要同我国发展的现实目标和未来方向紧密联系在一起，为人民服务，为中国共产党治国理政服务，为巩固和发展中国特色社会主义制度服务，为改革开放和社会主义现代化建设服务。

---

① 习近平：《把思想政治工作贯穿教育教学全过程》，新华社2016年12月8日。

②《习近平在北京大学师生座谈会上的讲话》，《人民日报》2018年5月3日。

习近平总书记认为，“高校立身之本在于立德树人。只有培养出一流人才的高校，才能够成为世界一流大学。办好我国高校，办出世界一流大学，必须牢牢抓住全面提高人才培养能力这个核心点，并以此来带动高校其他工作”。

（三）加强师德师风建设

2013年习近平总书记在教师节给全国广大教师写信时，提出教师要“学为人师，行为世范，做学生健康成长的指导者和引路人”。在全国高校思想政治工作会议上，习近平总书记指出，“教师不能只做传授书本知识的教书匠，而要成为塑造学生品格、品行、品位的‘大先生’”，“教师要成为学生做人的镜子，以身作则、率先垂范，以高尚的人格魅力赢得学生敬仰，以模范的言行举止为学生树立榜样”。

2018年，习近平在北京大学考察时提出：“评价教师队伍素质的第一标准应该是师德师风。师德师风建设应该是每一所学校常抓不懈的工作，既要有严格制度规定，也要有日常教育督导。我们的教师队伍师德师风总体是好的，绝大多数老师都敬重学问、关爱学生、严于律己、为人师表，受到学生尊敬和爱戴。”[①]教师承担着最庄严、最神圣的育人使命，理应“甘当人梯，甘当铺路石，以人格魅力引导学生心灵，以学术造诣开启学生的智慧之门”[②]。

2018年中共中央、国务院在《关于加强新时代教师队伍建设改革的意见》里明确提出推行师德考核负面清单制度，指出：“把提高教师思想政治素质和职业道德水平摆在首要位置，把社会主义核心价值观

① 习近平：《在北京大学师生座谈会上的讲话》，《中国高等教育》2018年第9期。

② 习近平：《在北京大学师生座谈会上的讲话》，《中国高等教育》2018年第9期。

贯穿教书育人全过程，突出全员全方位全过程师德养成，推动教师成为先进思想文化的传播者、党执政的坚定支持者、学生健康成长的指导者。”老师与学生之间通过传授学习知识的职业活动联结在一起。都有这类硬性要求，如美国高中教师与学生发生不正当关系就可能要追究法律责任。我们已经进入伟大的新时代，各项事业更进一步发展，新时代高校教师师德建设显得相当紧迫和重要。作为培养未来接班人的职业，高校教师的责任太重大，新时代的师德建设尤为关键。

（四）讲好思政课

习近平总书记指出：“实现中华民族伟大复兴，教育的地位和作用不可忽视。我们对高等教育的需要比以往任何时候都更加迫切，对科学知识和卓越人才的渴求比以往任何时候都更加强烈。党中央作出加快建设世界一流大学和一流学科的战略决策，就是要提高我国高等教育发展水平，增强国家核心竞争力。”[①]

习近平总书记要求思想政治理论课教师“思维要新，学会辩证唯物主义和历史唯物主义，创新课堂教学，给学生深刻的学习体验，引导学生树立正确的理想信念、学会正确的思维方法”[②]。高校思想政治理论课教师要有效利用课堂教学这个主渠道，对大学生正面灌输马克思主义中国化最新成果，教师的思维要与时俱进，确保授课内容及时反映马克思主义中国化最新成果，更好地适应时代发展要求。教师要深

① 习近平：《把思想政治工作贯穿教育教学全过程》，新华社2016年12月8日。

②《习近平主持召开学校思想政治理论课教师座谈会强调 用新时代中国特色社会主义思想铸魂育人 贯彻党的教育方针落实立德树人根本任务》，《人民日报》2019年3月19日。

入研究社会大环境和学生内环境的变化，创新教学模式和教学方法，使授课更加生动有趣，让学生真正接受教学内容。

思想政治理论课教师视野要广，有知识视野、国际视野、历史视野，通过生动、深入、具体的纵横比较，把一些道理讲明白、讲清楚。教师要用最广阔的视野尽可能多地吸纳人类创造的一切优秀文明成果，努力多出能有效服务于伟大时代和人民的研究成果，以深厚的学识修养赢得学生尊重。教师要善于从多角度分析问题、洞察大学生的思想困惑和需求，有针对性地把马克思主义理论讲深刻、讲透彻，通过清楚明白的阐释赢得学生发自内心的价值认同和依从，学生自然而然地会将伟大的理论用于指导自己的学习和生活。

如果教师不担起教书育人职责，甚至出现误人子弟情况，那就会动摇甚至颠覆高校思想政治工作的已有成效。习近平总书记要求高校教师“始终同党和人民站在一起，自觉做中国特色社会主义的坚定信仰者和忠实实践者，忠诚于党和人民的教育事业，自觉把党的教育方针贯彻到教学管理工作全过程，严肃认真对待自己的职责。要注重加强中国特色社会主义理论体系的学习，加深对中国特色社会主义的思想认同、理论认同、情感认同，不断增强道路自信、理论自信、制度自信，积极引导学生热爱祖国、热爱人民、热爱中国共产党。好老师应该做中国特色社会主义共同理想和中华民族伟大复兴中国梦的积极传播者，帮助学生筑梦、追梦、圆梦，让一代又一代年轻人都成为实现我们民族梦想的正能量。”[①]

习近平总书记说：“思想政治工作从根本上说是做人的工作，必须围绕学生、关照学生、服务学生，不断提高学生思想水平、政治觉悟、道

① 习近平：《做党和人民满意的好老师：同北京师范大学师生代表座谈时的讲话》，人民出版社2014年版，第5页。

德品质、文化素养，让学生成为德才兼备、全面发展的人才。”[①]

习近平总书记强调，“要教育引导学生正确认识世界和中国发展大势，从我们党探索中国特色社会主义历史发展和伟大实践中，认识和把握人类社会发展的历史必然性，认识和把握中国特色社会主义的历史必然性，不断树立为共产主义远大理想和中国特色社会主义共同理想而奋斗的信念和信心；正确认识中国特色和国际比较，全面客观认识当代中国、看待外部世界；正确认识时代责任和历史使命”。[②]

习近平总书记说：“我们教育引导学生，一个重要任务就是用中国梦激扬青春梦，为学生点亮理想的灯、照亮前行的路，激励学生自觉把个人的理想追求融入国家和民族的事业中，勇做走在时代前列的奋进者、开拓者；正确认识远大抱负和脚踏实地，珍惜韶华、脚踏实地，把远大抱负落实到实际行动中，让勤奋学习成为青春飞扬的动力，让增长本领成为青春搏击的能量。”[③]

习近平总书记指出，“做好高校思想政治工作，要因事而化、因时而进、因势而新。要遵循思想政治工作规律，遵循教书育人规律，遵循学生成长规律，不断提高工作能力和水平。要用好课堂教学这个主渠道，思想政治理论课要坚持在改进中加强，提升思想政治教育亲和力和针对性，满足学生成长发展需求和期待，其他各门课都要守好一段渠、种好责任田，使各类课程与思想政治理论课同向同行，形成协同效应。要加快构建中国特色哲学社会科学学科体系和教材体系，推出更

① 习近平：《把思想政治工作贯穿教育教学全过程》，新华社2016年12月8日。

② 习近平：《把思想政治工作贯穿教学全过程开创我国高等教育事业发展新局面》，《人民日报》2016年12月9日。

③ 习近平：《把思想政治工作贯穿教学全过程开创我国高等教育事业发展新局面》，《人民日报》2016年12月9日。

多高水平教材，创新学术话语体系，建立科学权威、公开透明的哲学社会科学成果评价体系，努力构建全方位、全领域、全要素的哲学社会科学体系。要更加注重以文化人以文育人”。[①]

高校要走在精神文明建设前列，广泛开展文明校园创建，开展形式多样、健康向上、格调高雅的校园文化活动，广泛开展各类社会实践。要运用新媒体新技术使工作活起来，推动思想政治工作传统优势同信息技术高度融合，增强时代感和吸引力。

（五）加强队伍建设

长期以来，高校思想政治工作队伍兢兢业业、甘于奉献、奋发有为，为高等教育事业发展作出了重要贡献。要拓展选拔视野，抓好教育培训，强化实践锻炼，健全激励机制，整体推进高校党政干部和共青团干部、思想政治理论课教师和哲学社会科学课教师、辅导员班主任和心理咨询教师等队伍建设，保证这支队伍后继有人、源源不断。要加强同高校知识分子的联系，多关心、多交流、多鼓励，善交朋友、广交朋友、深交朋友，多听他们的意见，真听他们的意见。

2013年，中组部、中宣部、教育部党组联合印发《关于加强和改进高校青年教师思想政治工作的若干意见》，其后教育部在答记者问中指出，青年教师的思想政治素质总体上是积极向上的，多数青年教师具有较高的政治觉悟、健康的人生观和价值观，对建设中国特色社会主义事业充满信心。他们爱岗敬业，关爱学生，业务上善于思考、勇于创新，有着良好的团结协作精神，认为教师职业神圣，愿意为推进教育事业的发展奉献自己的聪明才智。但同时也应看到，部分青年教师身

① 习近平：《把思想政治工作贯穿教育教学全过程》，新华社2016年12月8日。

上存在着政治信仰迷茫、理想信念模糊、职业情感与职业道德淡漠、服务意识不强等诸多问题。

中宣部、教育部《普通高校思想政治理论课建设体系创新计划》提出“建设一支理想信念坚定、师德高尚、理论功底扎实、教学效果良好的高水平思想政治理论课教师队伍”。2017年,中共中央、国务院印发了《关于加强和改进新形势下高校思想政治工作的意见》,指出要强化思想理论教育和价值引领,把理想信念教育放在首位。同时,强调要提升教师思想政治素质,增强教师教书育人的责任担当。在新形势下对高校思想政治工作和思政课教师又提出了新的要求。按照这一要求,高校思想政治理论课教师首先必须具备较高的政治意识,旗帜鲜明地坚持马克思主义立场。

要将马克思主义理论与中国当代实际问题相结合,坚持理论创新与实践创新,在求真学问、悟真道理上下功夫,弄清马克思主义理论发展的来龙去脉和内在规律,让大学生在学习原著的过程中深刻感悟马克思主义的科学性,提高大学生自觉学习马克思主义理论的兴趣。

在新时期的复杂社会环境下,社会化背景下环境失衡造成的客观结果,导致少数高校思政课教师疏于思想政治素质的提高,以至于在思想政治素质方面也不同程度地存在着一些问题,这对思政课教学产生了十分不利的影响。例如,个别思政课教师理想信念动摇,信仰迷茫,精神迷失,价值观扭曲,思想上不求进步,对马克思主义信仰不坚定,对中国特色社会主义事业缺乏信心,政治意识淡化,缺乏敏锐的政治鉴别力,责任感和历史使命感下降,这些问题直接或间接地反映到了思政课教学中,对学生成长造成了不利的影响。

党对思想政治教育的政治领导是通过制定和贯彻党的路线、纲领、方针、政策实现的,是党领导的根本体现。如十一届三中全会,我们党决定实行改革开放政策,党的十二大提出建设具有中国特色的社会主义国家,党的十三大提出社会主义初级阶段的基本路线和纲领,党的十四大提出建设中国特色的社会主义市场经济的方针政策,十六大又提出构建社会主义和谐社会等这些方针政策的宣传、贯彻和执行,都使高校教师在党的政治路线、纲领上统一认识,统一行动,从而实现和加强对教师的政治领导。党的二十大报告指出,教育、科技、人才是全面建设社会主义现代化国家的基础性、战略性支撑。[①]

要更加严格落实教授为本科生上课制度,把教师担任班主任、辅导员、学业导师、创新创业、社会实践、各类竞赛以及老中青教师"传帮带"等工作计入必须完成的教育教学工作任务。"学而时习之,温故而知新":教育事业发展,关键在于教师。对于新时代高校思想政治理论课教师的新要求作出了新思考,新时代高校思想政治理论课教师要成为多面手,要提升政治素养、人文素养,要更新观念,要加强师德修养,同时要强力治理新时代高校思想政治理论课教师师德失范,全面提高高校思想政治理论课教师的整体素质。这一选题非常有意义。

三、坚持社会主义核心价值观的引领

高校思政课教师的职业具有特殊性,高校思政课教师对高校学生综合素质的养成具有深远持久的影响。智媒时代的高校思政课教师必须全面提升综合素养,才能完成教书育人这一基本职责。

要以社会主义核心价值观引领高校思政课教师政治素质的养成。

① 习近平:《高举中国特色社会主义伟大旗帜 为全面建设社会主义现代化国家而团结奋斗——在中国共产党第二十次全国代表大会上的报告(2022年10月16日)》,《人民日报》2022年10月26日。

习近平总书记在2016年、2018年同北京大学师生座谈时指出高校教师要做社会主义核心价值观的“坚定信仰者、积极传播者、模范践行者”[①]，由此可见总书记多么重视社会主义核心价值观的培育。《关于建立健全高校师德建设长效机制的意见》要求把社会主义核心价值观作为高校教师崇德修身的基本遵循，要求教师准确理解和把握、带头践行社会主义核心价值观。要以社会主义核心价值观引领高校思政课教师素质的养成。

要以社会主义核心价值观为高校教师崇德修身的基本遵循，促进高校教师带头培育和践行社会主义核心价值观。要把社会主义核心价值观教育、中华民族传统文化教育、社会主义法治教育贯穿教师师德教育全过程，充分利用全媒体立体化、网络化地开展师德教育。德高为师，身正为范。加强师德修养，陶冶道德情操，自觉弘扬主旋律，积极传递正能量。在良好师德师风的影响和带动下，学生才会亲其师、信其道，进而乐其道。

要弘扬社会主义核心价值观，培育优良校风和学风，加强人文关怀和心理疏导，引导广大师生做社会主义核心价值观的坚定信仰者、积极传播者、模范践行者，把高校建设得风清气正。

党的十八大以来，中央高度重视培育和践行社会主义核心价值观，习近平总书记对此多次作出重要指示。新时代高校思政课教师教书育人要以社会主义核心价值观为引领，要把社会主义核心价值观贯穿国民教育全过程。习近平总书记在全国教育大会上提出要在加强品德修养上下功夫，教育引导学生培育和践行社会主义核心价值观，

① 习近平总书记在2016年12月7日全国高校思想政治工作会议上和2018年5月2日在北京大学120年校庆之际与北大师生座谈时两次提到社会主义核心价值观。

踏踏实实修好品德，成为有大爱大德大情怀的人。

“师者，人之模范也。”高校思政课教师要成为践行社会主义核心价值观的典范，要在为人师表、德行示范上有更高要求，时刻以自己出色的学识和高尚的人格潜移默化地影响学生，要保持线上线下一致，时刻不忘履行自己光荣的使命和职责。

高校思政课教师要用自己扎实的知识底蕴、阅历和经验教化大学生，激发大学生对社会主义核心价值观的自觉践行、对国家的强烈认同，教育学生在无私奉献中升华人生价值为实现中华民族伟大复兴的中国梦而奋斗。

习近平总书记在2018年全国教育大会上指出“要在加强品德修养上下功夫，教育引导学生培育和践行社会主义核心价值观，踏踏实实修好品德，成为有大爱大德大情怀的人”。[①]社会主义核心价值观引领着高校思想政治教育正确的政治方向，对培养大学生正确的价值观、历史观、世界观、道德观具有重要价值。

习近平总书记近年在全国高校思政工作会议、全国教育大会、学校思政课教师座谈会上反复强调，要全面贯彻党的教育方针，解决好培养什么人、怎样培养人、为谁培养人这个根本问题，在青少年这个人生最需要精心呵护的“拔节孕穗期”，把他们引导和栽培好，使他们坚定地做到“四个自信”。青少年是祖国的未来、民族的希望。我们党立志于中华民族千秋伟业，必须培养一代又一代拥护中国共产党领导和我国社会主义制度、立志为中国特色社会主义事业奋斗终生的有用人才。在这个根本问题上，必须旗帜鲜明、毫不含糊。这就要求我们把

① 《习近平在全国教育大会上强调 坚持中国特色社会主义教育发展道路 培养德智体美劳全面发展的社会主义建设者和接班人》，《人民日报》2018年9月11日。

下一代教育好、培养好，从学校抓起、从娃娃抓起。开设思政课非常必要，是培养一代又一代社会主义建设者和接班人的重要保障。

社会主义核心价值观在为高校思政课教师提供价值指导的同时，能增强传播影响，提升道德底蕴和价值内涵。在当今大数据时代，要充分把握信息社会的特点，更好地增强社会主义核心价值观对高校思政课教师的熏陶，有助于改善国民素质和全社会道德水平，全面推进社会主义道德建设、改善社会风貌，从而提升我国的国际形象。

社会主义核心价值观为全媒体时代高校思想政治教育内容的良性传播提供正确的方向引领。全媒体时代舆情的传播速度快，发展方向难以把控，加强正面舆情引导尤为重要。高校思想政治教育要与时俱进，壮大主流舆论阵地。

培育和践行社会主义核心价值观对强化马克思主义在高校的传播具有十分重要的作用。大力培育和践行社会主义核心价值观，能有效巩固马克思主义在意识形态领域的指导地位、在全社会形成价值共识和思想认同。

党的十八大以来，中央高度重视培育和践行社会主义核心价值观，要倡导富强、民主、文明、和谐，倡导自由、平等、公正、法治，倡导爱国、敬业、诚信、友善。习近平总书记对此多次作出重要指示。

教育部印发的《完善中华优秀传统文化教育指导纲要》明确指出："加强中华优秀传统文化教育，是培育和践行社会主义核心价值观、落实立德树人根本任务的重要基础。"这个意见明确了通过传统文化教育培育和践行社会主义核心价值观的方向。

培育和践行社会主义核心价值观，要以习近平新时代中国特色社会主义思想作为具体指导，并充分吸收传统文化精髓，丰富高校思政课教师政治素质内涵。

第二节　加强师德师风建设

党的十八大以来，习近平总书记在关于教育工作的系列重要讲话中，把师德师风建设作为提升新时代教师素质、办好人民满意教育的首要任务，先后用“大先生”“筑梦人”“系扣人”“引路人”等表现力极强的称谓表达对广大教师的殷切期望，并提出“三个牢固树立”“四个标准”“四个引路人”“四个相统一”等师德建设标准和要求。我们已经进入伟大的新时代，各项事业已实现更进一步的长足发展，新时代高校教师师德建设显得相当紧迫和重要。作为培养未来接班人的教育工作者，高校思政课教师的责任尤为关键，要强化新时代高校思政课教师的政治素质，必须大力加强师德建设。

一、研究述评

目前，关于“高校教师师德”的研究，部分锁定到青年教师群体、体育教师群体、医学高校教师群体、外语教师群体、职业院校教师群体、思政课教师群体的师德建设和师范生的师德教育。还有些成果分地域研究，但跟总体研究的内容差不多。这些研究与现实联系不够紧密，缺乏新意，特别是没有关注到新媒体时代的新特色，更没有利用先进的大数据新技术开展研究。

还有极少量的对此问题的研究综述。我国学者关于高校师德建设研究主要集中在四个领域：高校师德规范与师德失范问题研究、高校师德建设与思想政治教育研究、高校师德建设与教师队伍建设研究、高校师德建设现状与路径创新研究。展望未来的高校师德建设研究，应该着力推进高校师德建设研究的方法创新，提升高校师德建设研究与实践的互动性，构建中国特色的高校师德建设理论体系。①

还有些研究关注到了国外的师德建设，这些经验教训是值得借鉴的。综观国外高校师德建设实践：具有国家高度重视并以法律法规明示，建立了分层次的师德规范，政府部门、行业协会及学校机构协同建设，保障机制务实全面等特质，凸显了师德建设关注底线师德、重视教学师德、倾向师德立法的内在逻辑。借鉴国际经验，推进我国高校师德建设，要正确处理“底线师德”与“道德模范”的关系，制定具有专业特色且可操作性的师德规范，培育教师行业组织，构建收入、立法、监督等多维联动的保障机制。②

对湖北省H高校的调查显示，我国高校师德建设总体情况令人满意，但在思想观念等方面还存在问题。建立健全高校师德建设长效机制，可从建立健全师德建设领导体制与工作机制入手，协力建立师德教育机制，全面提升教师师德水平；立师德宣传机制，营造重视师德的人文环境；建立师德考核机制，促进教师自觉加强师德修养；建立师德监督机制，形成广泛参与的监督网络；建立师德奖惩机制，保障师德建设有序进行。③

① 李亚员：《高校师德建设研究：热点领域与推进方向——基于CNKI所刊文献关键词的共词可视化分析》，《东北师大学报（哲学社会科学版）》2016年第6期。

② 康秀云、郗厚军：《国外高校师德建设的实践特质、内在逻辑及经验借鉴》，《东北师大学报（哲学社会科学版）》2016年第6期。

③ 何祥林、程功群、任友洲、袁本芳：《高校师德建设的现状、问题及对策——基于湖北省H高校的调查》，《高等教育研究》2014年第11期。

百年大计,教育为本,教育大计,教师为本,高质量的教师决定高质量的教育,高质量的教育才能培养高质量的人才,教师的人格是进行教育的基石。随着社会的进一步发展,优化师德师风的建设将是一个相对长期存在的重要课题。

师德研究具有重要的理论意义和实践价值。第一,加强高校教师师德建设有利于提高受教育者的整体素质,提升未来人才的综合能力。第二,新时代高校教师师德失范的危害性不容忽视;治理高校教师师德失范有利于净化社会风气,促进社会稳定;优化高校教师师德能推进社会全面进步,具有永远的意义。第三,由于高校教师工作的特殊性,新时代高校教师师德失范的治理研究成果可以借鉴于其他领域。

师德是教师素质的首要方面,师德水平直接关系到人才培养的质量。高校教师的劳动成果以学生知识的增长和综合素质的进步为重要的衡量标准。通过治理高校教师师德失范,提升高校教师整体素质,从而提高教育教学质量,优化大学生质量,让这些服务于社会的新鲜血液更有实力创造更多的社会价值,增加社会的财富。

高校教师的组织忠诚,是指"高校教师对所在高校的归属感、认同感,自愿为维护组织利益与声誉服务的态度、动机和行为"。忠诚是我国传统文化中最核心的道德规范,也是传统师德文化的关键词。在中国传统文化中,孔子的教育思想蕴含了对师德的具体要求,具有代表性。孔子言论中,"其身正,不令而行;其身不正,虽令不从"(《论语·子路》),指教师对学生要做到以身作则,言传身教;"学而不厌,诲人不倦"(《论语·述而》),指教师要终身学习并勤奋指导学生、不知疲倦;"仁者爱人,智者知人"(《论语·颜渊》),指教师要爱护学生、关心学生,这是师德的重要内容;"子以四教:文,行,忠,信"(《论语·述而》),倡导从典籍文献、行为规范、对人忠诚、讲究信用四个方面教导学生。可见,孔子不仅对教师提出了职业道德上的要求,注重教师师德对学生的示范性,还特别将忠诚这一道德准则作为教导学生的主要内容。

我们要按照“以本为本”和“四个回归”的总体要求,结合“放管服”政策,在教师评价中进一步突出“育人”与“育才”的统一,加大育人业绩的话语权,在新时代、新形势、新要求之下,高校廉洁治理要把高校师德建设作为重中之重,师德建设也要融合廉洁治理的思路寻找着力点,二者应同向发力、相向而行,促进高校守正创新、引领未来,保障教育立德树人根本任务的实现。要突出教育教学业绩,严格教育教学工作量考核,将教授为本科生上课作为基本制度,加强教学质量评价工作,强化课堂教学纪律考核。完善科研评价制度,坚持服务国家需求和注重实际贡献的评价导向,注重对科研成果转化业绩考核。

第一层次是要提升道德认知,加强思政教育、职业道德教育、廉洁教育,引导高校教师坚定理想信念,提升修养,廉洁从教,提升对教师理想、责任、纪律、技能、良心、公正、荣誉等师德要素的认同。

第二层次是要强化道德实践,鼓励教师通过投身教学科研,体会师生道德关系,修正道德行为,升华道德情感,知行合一,止于至善。

第三层次是要磨炼道德意志,引导教师淡泊心境、久久为功,将道德认识、道德情感交融积淀为稳定的教师良心,从而在复杂多元的价值冲突中抵制诱惑,保持定力,坚守阵地。

40年来师德建设发展历程,发现可以划分为四个特征鲜明的发展阶段:提高思想政治素质阶段、发挥政治导向功能阶段、强化依法执教意识阶段、提升教育质量水平阶段。在未来发展中,要坚持理想信念与教育技能水平提高并重、坚持立德树人与全过程全方位落实并重、坚持考核监督与待遇保障机制完善并重、坚持为学生服务与为人民群众服务并重的四条发展思考。[①]

其一,修身。道德的养成,需要自我教育与磨炼,此为修身工夫。《礼记·大学》中言:“身修而后家齐,家齐而后国治,国治而后天下平。自天子以至于庶人,壹是以修身为本。”其二,慎独。慎独是以高度的理性自觉为前提,把道德规范化为个人内心信念,时刻约束自己。其三,重行。道德养成不是靠空谈,而是须践履。“履,德之基也。”(《周易·系辞下》)实践,是道德养成的根基。对于师德自律而言,就是根植于教育教学活动实践而切实躬行。

爱国主义的基本立场,对中华文明的文化自信,对中国近现代史的正确认知,对中国共产党和我国社会主义制度的政治认同,对改革开放和中国特色社会主义发展新路的政治认同,以及职业精神、思想观念、道德品质等意识形态领域的诸多内容,高校思政课教师都要首先做到,为学生做出表率。教师要有理想信念,要有道德情操,要有扎实学识,这既是师德规范,又是教师良好人格的体现。

二、进一步丰富新时代师德的内涵

师德包含政治素质,师德建设是提升政治素质的重要举措。政治素质和思想政治素质是有区别的。提高高校教师思想政治素质,必须加强师德师风建设。坚持把教育培养和自我修养结合,坚持把教育培养和自我修养结合起来,引导广大教师以德立身、以德立学、以德施教,坚持教书和育人相统一。

① 秦苗苗、曲建武:《改革开放40年我国师德建设的历程、经验与启示》,《上海教育科研》2018年第9期。

师德的主要内容包括教师的职业道德、职业精神、思想观念、道德品质等意识形态领域的诸多内容，是教师素质的核心部分，是教师思想觉悟、道德品质和精神面貌的集中体现。

教师首先要热爱事业，具有高尚的职业道德，热爱、关心学生，像陶行知先生所说，“捧着一颗心来，不带半根草去”。教师唯有高尚的思想品德以及人格魅力可使学生“亲其师，信其道”，并为学生高尚道德修养的养成打下坚实的基础。

师德规范着教师在履行职业行为时的行为规范，学识才智、人格修养、在工作和社会生活中思想政治、道德品质、文化修养方百年大计，教育为本；教育大计，教师为本；教师大计，师德为本。近代人民教育家陶行知主张教师“一言、一行、一举、一动，都要修养到不愧为人之师表的地步”。

师德统领着教师职业行为的所有规范。师德是教师从事教育教学工作时必须遵循的各种道德规范的总和。师德是教师职业素质的核心。师德是一个历史性、发展性的概念，新时代的师德本身应该要丰富新时代的内涵。

（一）新时代师德需要更多新发展

1.习近平新时代中国特色社会主义思想对师德的要求

习近平总书记非常重视教师的专业素养，鼓励教师终身学习。他说：“传道者自己首先要明道、信道。”[①]他要求教师要热爱学生、做学生的楷模，并强调要坚持教书和育人相统一；言传和身教相统一；潜心问

① 习近平：《把思想政治工作贯穿教育教学全过程》，新华社2016年12月8日。

道和关注社会相统一;学术自由和学术规范相统一。[①]这是对新时代师德的新要求。

2018年,习近平总书记在北京大学师生座谈会上的重要讲话中强调:“评价教师队伍素质的第一标准应该是师德师风。师德师风建设应该是每一所学校常抓不懈的工作,既要有严格制度规定,也要有日常教育督导。”[②]要坚持价值引领,以社会主义核心价值观为高校教师崇德修身的基本遵循,促进高校教师带头培育和践行社会主义核心价值观。要把社会主义核心价值观教育、中华民族传统文化教育、社会主义法治教育贯穿教师师德教育全过程,充分利用全媒体立体化、网络化地开展师德教育。

德高为师,身正为范。加强师德修养,陶冶道德情操,自觉弘扬主旋律,积极传递正能量。在良好师德师风的影响和带动下,学生才会亲其师、信其道,进而乐其道。

2.坚守传统师德的先进因素

“师德”概念从西方进入我国以后,被赋予更丰富的传统师道文化内涵。儒家要求教师有君子人格,追求理想师德、崇高师德,要努力汲取优秀传统文化的精髓涵养现代师德。

3.注入新时代的新元素

师德是一个历史性、发展性的概念,新时代的师德本身应该更多关注教育对象生长环境、价值观念、经济关系等诸多变化。现在师生关系更多的是职业关系,任何越界都是违背时代要求的。

① 习近平:《把思想政治工作贯穿教育教学全过程》,新华社2016年12月8日。

② 《习近平在北京大学师生座谈会上的讲话》,《人民日报》2018年5月3日。

高校教师群体由于其工作的特殊性，除了要遵守基本的师德规范以外，还要遵守高校行业的特别职业道德规范，要有纯洁的职业追求、崇高的学术道德、严谨的科研精神。

（二）加强高校教师师德建设的重要意义

我们已经进入伟大的新时代，只有大力加强师德建设，才能为新时代提供坚强有力的师资保证，才能为实现中华民族的伟大复兴作出更大贡献，新时代高校教师师德建设显得相当紧迫和重要。加强高校思政课教师师德建设有利于提高受教育者的整体素质，提升未来人才的综合质量；优化高校教师师德对于推进社会全面进步，具有永远的意义。师德是教师素质的关键内容，师德水平直接关系到人才培养的方向。高校教师的劳动成果以学生知识的增长和综合素质的进步为重要的衡量标准。

提升高校教师思想政治素质，必须强化教育和树立导向。健全教师政治理论学习制度，建立中青年教师社会实践和校外挂职制度，增强教师对中国特色社会主义的思想认同、理论认同、情感认同。要把提高教师思想政治素质和职业道德水平摆在首要位置，突出师德，把社会主义核心价值观贯穿教书育人全过程，突出全员全方位全过程师德养成，推动教师成为先进思想文化的传播者、党执政的坚定支持者、学生健康成长的指导者。

要特别加强高校思政课教师师德建设。以师德建设为重点，以教师需求为出发点，构建良好成长环境，能促使教师自觉提升政治素质。

师德是教师素质的首要方面，师德水平直接关系到人才培养的质量。高校教师的劳动成果以学生知识的增长和综合素质的进步为重要的衡量标准。通过治理高校教师师德失范，提升高校教师整体素质，从而提高教育教学质量，优化大学生质量，让这些服务于社会的新鲜血液更有实力创造更多的社会价值,增加社会的财富。师德要和教师专业成长相结合。教师要有政治理想、学科知识和人文素养,懂得教育规律和成长规律。

新时代高等教育承担着培养担当民族复兴大任的时代新人的历史任务。人才的培养,关键在教师。高校培养出来的人才能否成为担当民族复兴大任的时代新人,关键看高校教师是否政治素质过硬。新时代高校要立足于教育主体成长发展的主体要求,积极践行立德树人的历史使命,思想政治理论课教师尤其要养成过硬的政治素质,这是新时代适应高等教育深化改革的现实要求。只有政治素质过硬,才能保证高等教育的社会主义方向,才能贯彻好党的教育方针,实现党对教育的全面领导。

新时代高校思想政治理论课教师要深刻体察现实,潜心钻研业务,全面提升素质,成为多面手。习近平总书记要求思想政治理论课教师“政治要强、情怀要深、思维要新、视野要广、自律要严、人格要正”,这将成为新时代思想政治理论课教师的标杆。

要全方位合力加强师德建设,从把好教师入口、加强教育培训、完善考核评价、强化党的领导、用好问责机制等五方面着力,大力加强师德建设,培育高尚师德,引导教师以德立身、以德立学、以德施教。要着力从教育管理、考核评判、思政课教师自身及基层党组织等方面入手,积极构建提升思政课教师思想道德素质的工作体系,形成工作合力。

第三节 大力推进高校马克思主义学院建设

高校思政课教师主要在各高校的马克思主义学院工作，由马克思主义学院负责管理。要提升高校思政课教师的政治素质，必须大力推进马克思主义学院的建设。马克思主义学院作为一种高校思想政治理论课教育教学和马克思主义理论学科建设的管理机构，是我国改革开放之后出现的新生事物。

一、高校马克思主义学院的起源和发展

1992年，全国高校中第一家马克思主义学院北京大学的马克思主义学院成立。

北京大学在党发[1992]16号文件、校发[1992]37号文件即《关于建立北京大学马克思主义学院的决定》中指出："当前国内外形势的发展和学校的现状都要求我们必须大力加强马克思主义理论的教育和研究，更好地发挥北京大学作为综合性大学的理论优势。过去几年中，我校马克思主义理论教育中心和马列主义研究所，在困难的条件下为坚守马列主义理论阵地做了大量工作，并取得了不少成绩，但体制不顺，力量分散，缺乏统一的指导协调和必要的扶植政策，这种状况急需改变。为此，学校党委和行政研究决定建立北京大学马克思主义学院。"

"建立马克思主义学院是全面贯彻党的教育方针、端正办学指导

思想、落实德育首位的一个重要措施。该学院在学校党委和行政的领导下，负责统一组织全校马克思主义公共理论课的教学和思想政治课的教育，开展马克思主义的理论研究，承担高等学校马克思主义理论课教师和党政干部的理论培训任务，并接受学校委托，组织校内各方面的理论力量开展理论研讨活动，逐步把学院建设成我校一个马克思主义理论的教育、研究和培训基地，成为思想政治教育的一个重要阵地。"

文件最后强调："要把马克思主义学院建设成坚持和捍卫马克思主义的坚强阵地，关键在于学院的干部、教师要有坚定的政治信念、扎实的理论修养和良好的精神状态。学院的党政班子，政治上要坚强，理论上要清醒，作风上要扎实，工作上要高标准，严要求。从事马克思主义教学和研究的教师，对马克思主义要真学、真信、真教、真干。如果讲马列的人不信马列，那就没有说服力，也不可能对学生的立场、观点、方法起引领作用。在学院初创阶段会有不少困难，需要全体成员特别是干部、党员发扬同心同德、团结互助、艰苦创业、奋发有为的精神，为振兴北大的马克思主义教育和研究事业做出贡献。"

（一）高校马克思主义学院在改革开放进程中不断发展

1996年12月，中国人民大学将马列主义发展史研究所和马克思主义基本理论研究所合并成立了第二家马克思主义学院。1997年9月，南开大学成立了马克思主义教育学院。

2003年之后，随着湖南大学、中央民族大学、吉首大学、西南财经大学等成立马克思主义学院，情况开始有了一定改观。特别是2005年3月，我国高校中教师最多的一家马克思主义学院成立，那就是吉林大学马克思主义学院。

到2007年4月北京大学马克思主义学院建院15周年的时候，全国高校中有25家马克思主义学院。由北京大学发起,得到这25家马克思主义学院的支持和响应,全国高校马克思主义学院院长论坛在北京大学成功举办。中宣部理论局、教育部社科司、北京市委教育工委和北京大学党委的领导都到会上讲话予以支持。

在高校成立马克思主义学院是能发挥很多新功能的,能够实现“四个有利于”:

一是有利于高举一面旗帜,一面马克思主义的旗帜。

二是有利于凝聚一支队伍,一支专职从事思想政治理论课教育教学和马克思主义理论研究的教师队伍。

三是有利于建设一个学科,一个取名叫马克思主义理论的一级学科及其所属二级学科。

四是有利于开好一类课程,一类以马克思主义理论教育为主要内容的公共性思想政治理论课。

2008年7月8日,中央在北京召开了全国高校思想政治理论课工作会议。这次中央会议传达了中央政治局常委关于全国各高校都要独立设置直属学校领导的思想政治理论课教学科研二级机构的意见。会后,中宣部、教育部颁发了2008年5号文件即《关于加强高校思想政治理论课教师队伍建设的意见》,其中包括这个重要意见。

到2010年年底,马克思主义学院在高校增加到50家左右,其中包括南昌大学、上海师范大学、上海交通大学、新疆师范大学、大连理工大学、浙江工商大学、西南大学、北京科技大学、合肥工业大学等。

2011年1月,教育部颁发了1号文件即《高校思想政治理论课建设标准》,后来还通过连续4年专项督查的办法来推动建设标准的落实,着力推动高校思想政治理论课教学科研二级机构的独立设置。

武汉大学在2011年5月成立马克思主义学院,这一年里一大批高校成立了马克思主义学院,包括北京工业大学、北京交通大学、中国石油大学(华东)、河南科技大学、温州大学、宁夏大学、福建师范大学、武汉理工大学、延安大学、广西师范大学、西安交通大学、南京师范大学、新疆大学、河海大学、济南大学、华中农业大学等。

2012年6月,时任中共中央政治局常委的李长春同志在中央举办的马克思主义理论研究和建设工程工作会议上的讲话中,把“推动许多高校成立了马克思主义学院”作为2004年以来党中央实施马克思主义理论研究和建设工程取得的重大阶段性成果之一。

2014年2月,教育部社科司委托北京大学马克思主义学院牵头研制《高校马克思主义学院建设标准》(后又增加委托山东大学马克思主义学院和西南大学马克思主义学院参与起草)。

2014年11月24日,在清华大学承办的全国高校马克思主义学院院长论坛上,教育部副部长李卫红在讲话中指出:“要站在战略和全局的高度,充分认识马克思主义学院建设事关党的教育方针的贯彻执行,事关党的思想理论和意识形态工作全局,事关马克思主义事业的薪火相传,我们必须切实把思想和行动统一到中央的决策部署和要求上来,进一步增强危机感和忧患意识,树立主人翁意识,着眼于做好高校意识形态工作的大局,着眼于落实立德树人根本任务,加强顶层设计,主动做好谋划,以扎实有效的举措抢抓机遇,迎接挑战。”

这次论坛进一步宣传了《高校马克思主义学院建设标准》初稿中形成的理念和要求,特别强调,要把马克思主义学院建设成为马克思主义理论教学、研究、宣传和人才培养的坚强阵地;要加强高校马克思主义学院院长队伍建设。

到2014年年底,全国高校先后成立的马克思主义学院达到200多家。

（二）高校马克思主义学院在党的十八大之后进入新的发展阶段

十八大之后，以习近平同志为核心的党中央高度重视高校思想政治工作，对办好高校思想政治理论课、提升马克思主义学科的引领作用作了全面部署，对高校马克思主义学院给予了新的定位，对高校马克思主义学院的建设提出了新的要求，作出了一系列部署。在习近平总书记和党中央的直接关怀下，高校马克思主义学院的发展在十八大之后进入了一个新阶段。

高校马克思主义学院的建设在2015年获得新的机遇。

2014年，中央办公厅国务院办公厅印发了[2014] 59号文件即《关于进一步加强和改进新形势下高校宣传思想工作的意见》，文件中提出要“重点建好一批有示范影响的马克思主义学院”。这是在中央文件中第一次使用“马克思主义学院”这个概念。

同年7月27日，中宣部、教育部(2015)2号文件印发了《普通高校思想政治理论课建设体系创新计划》，其中强调要“建强独立二级机构，重点建设一批马克思主义学院”。

该文件还提到要“加强机构建设，建好高校马克思主义学院。研究制定马克思主义学院建设标准，推进思想政治理论课教学科研机构科学规范建设。实施重点马克思主义学院建设工程，建设一批集马克思主义理论学习教育、研究宣传、人才培养于一体的高水平马克思主义学院，使之成为办好高校思想政治理论课的坚强战斗堡垒。各地宣传、教育部门要整合资源，推动社会力量共建高校马克思主义学院”。

次日，即7月28日，中央召开党的理论工作“四大平台”工作会议，认定马克思主义理论研究和建设工程、中国特色社会主义理论体系研究中心、马克思主义学院、报刊网络理论宣传阵地为党的理论工作平台，其中马克思主义学院位列第三位。

同年9月10日，中宣部、教育部颁发了(2015)26号文件，即《关于加强马克思主义学院建设的意见》，明确指出，加强马克思主义学院建设是一项重大而紧迫的任务。该文件有一个附件《关于建设全国重点马克思主义学院的实施方案》。随后立即启动了全国重点马克思主义学院的申报和评审工作，年底评出9家重点马克思主义学院。这个文件和全国重点马克思主义学院的评审向全社会发出了一个强烈的信号，它体现了中央最高领导层的意见。教育部还印发了修订后的《高校思想政治理论课建设标准》，其中进一步强调了思想政治理论课教学科研组织二级机构建设。

2015年12月11日至12日，习近平总书记在全国党校工作会议上的讲话中强调党校要姓党，首先要坚持姓"马"、姓"共"，并特别指出："党校姓党，就是要坚持一切教学活动、一切科研活动、一切办学活动都坚持党性原则、遵循党的政治路线，坚持以党的旗帜为旗帜、以党的意志为意志、以党的使命为使命，严守党的政治纪律和政治规矩，坚持在党爱党、在党言党、在党忧党、在党为党，归根到底一句话，就是要在思想上政治上行动上自觉同党中央保持高度一致。党校姓党，首先要把党的旗帜亮出来，让党的旗帜在各级党校上空高高飘扬。党校是教育培训干部的地方，不断把领导干部集中到党校来学习培训，一个重要目的就是帮助大家向党中央看齐。党校增强看齐意识，就要坚持党校一切工作都必须围绕党中央决策部署来进行。"①

中央党校积极贯彻落实习近平总书记的指示精神，于2015年12月26日即正式成立了马克思主义学院。习近平总书记亲自提倡成立

①《习近平在全国党校工作会议上强调 坚持党校姓党根本工作原则 切实做好新形势下党校工作》，《人民日报》2015年12月13日。

马克思主义学院，并提到这样的高度来强调，这不仅充分体现了党中央对发挥党校作用这个党的独特优势的重视和期待，而且也是对全国所有马克思主义学院的鼓舞和鞭策。

2015年，马克思主义学院这个名字不仅得到了习近平总书记的认可，而且由中宣部同教育部一起强力推动马克思主义学院建设，这种情况前所未有，意义重大。

2016年5月，习近平总书记在哲学社会科学工作座谈会上的讲话中特别提到，“要充分发挥马克思主义理论研究和建设工程、中国特色社会主义理论体系研究中心、马克思主义学院、报刊网络理论宣传等思想理论工作平台的作用，深化拓展马克思主义理论研究和宣传教育。”[①]其中又提到马克思主义学院。

2016年12月，习近平总书记在全国高校思想政治工作会议上发表的重要讲话中强调，“我们的高校是党领导下的高校，是中国特色社会主义高校。”

2018年5月2日，习近平总书记在视察北京大学马克思主义学院时对“马院姓马、在马言马”的提法很赞赏。

党委要保证高校正确办学方向，掌握高校思想政治工作主导权，保证高校始终成为培养社会主义事业建设者和接班人的坚强阵地各地各高校认真学习贯彻习近平总书记在这两次会议上的重要讲话精神，进一步提高了对建好马克思主义学院的重要性和紧迫性的认识，使得高校马克思主义学院建设的形势出现了重大的转变。加之2016年12月在中宣部和教育部的组织下，又评选出12家全国重点马克思主义学院。这一年，很多省市区也组织了省级重点马克思主义学院的

① 《习近平在哲学社会科学工作座谈会上的讲话》，《人民日报》2016年5月19日。

评审。

21家全国重点马克思主义学院和很多家省级重点马克思主义学院，无疑对高校马克思主义学院的发展起到了极大的推动和示范作用。

由于各省市区主管部门高度重视，各高校党政领导全力支持，马克思主义学院在很多高校出现争相建立的局面。

到2016年年底，马克思主义学院在全国高校突破了400家。到2017年年底，高校马克思主义学院突破500家。截至2022年，全国有近1500所马克思主义学院，6万多学生，专职思政课教师十余万人。

二、高校马克思主义学院建设的基本标准

（一）高校马克思主义学院建设标准的研制过程

2014年2月21日，教育部社科司以2014年度教育部人文社会科学研究专项任务项目（高校思想政治理论课）立项通知书形式，委托北京大学马克思主义学院承担“高校马克思主义学院建设标准研究”课题。9月13日，修改稿提交至北京大学马克思主义学院主办的第三次全国高校马克思主义学院院长论坛征求意见。后来，教育部社科司又分别委托山东大学和西南大学两家马克思主义学院分别研究高校马克思主义学院的软件和硬件建设标准。

会后，教育部社科司又委托北京大学马克思主义学院在吸收各方面意见的基础上提出再修改稿。

2015年12月17日，在吉林大学马克思主义学院举办的全国高校马克思主义学院院长论坛上，再修改稿再次征求意见。

2017年9月14日，教育部印发了《高校马克思主义学院建设标准（2017年本）》，并作为教社科〔2017〕1号文件下发。

（二）《高校马克思主义学院建设标准(2017年本)》的主要内容

这个建设标准一共设一级指标5项；二级指标17项；具体要求56项。其中：组织领导与管理(4—12)；思想政治理论课教学(5—20)；马克思主义理论学科建设(3—11)；社会服务与社会影响(2—4)；党的建设与思想政治工作(3—9)。

该文件在“领导责任”二级指标中进一步强化了对学校领导的要求，文件明确指出：“学校党政领导班子牢固树立政治意识、大局意识、核心意识、看齐意识，坚决贯彻落实以习近平同志为核心的党中央对进一步办好高校思想政治理论课、加强高校马克思主义学院建设的决策部署，自觉在思想上政治上行动上同以习近平同志为核心的党中央保持高度一致。”明确规定：“落实学校党委书记第一责任人责任，校长要切实负起政治责任和领导责任”。明确要求：“把思想政治理论课作为重点课程、把马克思主义理论学科作为重点学科、把马克思主义学院作为重点学院，纳入学校发展规划，进行重点建设。”

文件在“机构设置”二级指标中要求：学院班子成员应是中共党员，长期从事思想政治理论课教学和马克思主义理论学科研究，有奉献精神，开拓进取，群众认可。文件在“基础建设”二级指标中提出：保证学院办公用房，原则上教授有独立的教研用房。文件在“教学组织”二级指标中规定：按照本、专科思想政治理论课“05方案”，研究生思想政治理论课“10方案”开课，帮助学生树立正确的世界观、人生观、价值观，引导学生正确认识世界和中国发展大势，正确认识中国特色和国际比较，正确认识时代责任和历史使命，正确认识远大抱负和脚踏实地，不断提高学生的思想水平、政治觉悟、道德品质、文化素养，坚定中国特色社会主义道路自信、理论自信、制度自信、文化自信。

文件在“教学考评”二级指标中提出：以学生获得感为评价导向，以“有虚有实、有棱有角、有情有义、有滋有味”为根本标准，在学生评教基础上进一步完善教师评价制。

文件在“师资配备”二级指标中提出：思想政治理论课教师要有理想信念、有道德情操、有扎实学识、有仁爱之心，坚持教书和育人相统一、言传和身教相统一、潜心问道和关注社会相统一、学术自由和学术规范相统一，做先进思想文化的传播者、党执政的坚定支持者，更好担起学生健康成长指导者和引路人的责任。

文件在“学科设置”二级指标中提出：学院是马克思主义理论学科的依托机构，严格依据国务院学位委员会发布的《授予博士、硕士学位和培养研究生的学科、专业目录》以及二级学科设置相关规定，设置马克思主义理论学科所属二级学科。

《高校马克思主义学院建设标准》充分体现了习近平总书记关于办好高校思想政治理论课、加强高校马克思主义理论学科建设、推进高校马克思主义学院建设的决策部署，充分吸收了高校思想政治理论课教学科研二级机构建设特别是马克思主义学院建设的历史经验，具有很强的现实针对性和政策导向性，对加强和改进高校马克思主义学院建设具有重要的指导意义。

2021年9月，中共中央办公厅印发的《关于加强新时代马克思主义学院建设的意见》强调“把准学科定位方向”，这一具体要求再次表明了中央对于马克思主义学院建设的高度重视。

三、大力推进马克思主义学院建设的重要举措

（一）准确把握马克思主义学院的科学定位

高校马克思主义学院肩负着学习研究宣传马克思主义，巩固马克

思主义在高校意识形态中的指导地位,培育和弘扬社会主义核心价值观,培养中国特色社会主义事业所需要的建设者和接班人的重要使命。

高校是宣传思想工作的前沿阵地,高校马克思主义学院则处于这个前沿阵地的最前沿。从战略和全局的高度看问题,加强高校马克思主义学院建设,事关党的教育方针的贯彻落实,事关党的思想理论和意识形态工作全局,事关马克思主义事业的薪火相传。

面对新形势新情况新任务,高校马克思主义学院建设还存在着不少薄弱环节:有些高校成立了马克思主义学院但还没有剥离到位;有相当一些马克思主义学院的教师数量不足,质量不够,硬件条件也比较差;在一些高校,由马克思主义学院主管的学科建设、课程建设、队伍建设等方面还不强;有些马克思主义学院的社会影响还比较小。从总体说,高校马克思主义学院还需要实现从大到强的飞跃。

(二)认真制订各个马克思主义学院的发展规划

这个发展规划,既要符合思想政治理论课建设和马克思主义理论学科发展要求,又要同本校重点学院建设相一致。一定要落实《高校马克思主义学院建设标准》的要求,切实把马克思主义学院作为重点学院,纳入学校发展规划,进行重点设计、重点建设。这个发展规划起码要管五年时间,且必须在工作中坚决落实,在落实的过程中根据需要可以进行必要的修订。修订发展规划必须合乎章程和程序。制定发展规划的过程也是动员群众的过程。

(三)协调推进课程、学科、学院三大建设

在我国高校,思想政治理论课课程建设、马克思主义理论学科建设、马克思主义学院建设,这三大建设呈现你中有我,我中有你的特

点，它们之间既互相分解又互相结合。思想政治理论课教育教学是我们日常的中心工作。它关系到学生的健康成长，关系到学校的工作全局，是学院设置马克思主义学院的直接理由。

马克思主义理论学科建设是我们的基础工作。它为思想政治理论课教学提供学理支撑，为思想政治理论课教师提供学科平台，是马克思主义学院的一项重要任务。

马克思主义学院建设是我们工作的直接抓手。它为教育教学和学科建设提供组织保证。我们必须从战略的高度去认识建设好马克思主义学院的意义，并且以搞好教育教学和学科建设为显示度和成效标准。

思想政治理论课课程建设、马克思主义理论学科建设、马克思主义学院建设，方向一致，共建共荣。三大建设，必须统一设计，协调推进，共同发展。

现在已经出台了《高校思想政治理论课建设标准》和《高校马克思主义学院建设标准》，2012年，国务院学位委员会发布《关于进一步加强高校马克思主义理论学科建设的意见》，对马克思主义理论学科建设的意义、基本原则和目标、主要任务和要求，以及如何提供保障等问题提出具体指导意见。国务院学位办已经印发了《马克思主义理论学科博士学位、硕士学位授权点申报基本条件》。

目前，高校思政课设有“马克思主义基本原理”“毛泽东思想与中国特色社会主义理论体系概论”“中国近现代史纲要”“思想道德修养与法律基础”及“形势与政策”等必修课。

2020年以来，全国重点马克思主义学院普遍开设了“习近平新时代中国特色社会主义思想概论”课。

05方案最大的特点是把学科建设提到了重中之重的地位来强调。中宣部、教育部在2005年2月印发的《关于进一步加强和改进高等学校思想政治理论课的意见》,一共讲了8个问题,其中第一个问题讲加强和改进高校思想政治理论课的重要性,第二个问题讲加强和改进高校思想政治理论课的指导思想和总体要求,第三个问题讲大力推进高校思想政治理论课的学科建设。

从这个排序就可以看出学科建设在“05方案”中占有特殊重要地位。《关于进一步加强和改进高等学校思想政治理论课的意见》指出:“学科建设是加强和改进思想政治理论课的基础。思想政治理论课教育教学所依托的学科是我国特有的一门政治性、科学性和实践性很强的学科,只能加强,不能削弱。”

对学科建设重要性的这样认定和表述在中华人民共和国成立以来的高校思想政治理论课建设历史上是首次。新增设的这个学科的名称一开始叫“马克思主义学科”,之后经过多次论证,到2020年12月,国务院学位委员会、教育部将这个学科的名称定为“马克思主义理论学科”。

2006年,马克思主义理论一级学科独立设置,下设马克思主义基本原理、马克思主义发展史、马克思主义中国化研究、国外马克思主义、思想政治教育研究、中国近现代史基本问题研究6个二级学科(后又增设党的建设二级学科)。马克思主义理论学科以独立的学科正式为我国思想政治理论课建设开始发挥新的作用。高校思想政治理论课,特别是本科生的几门思想政治理论课与马克思主义理论一级学科下设的二级学科形成着对应支撑的关系。

2008年9月,中宣部、教育部在印发的《关于进一步加强高校思想政治理论课教师队伍建设的意见》中进一步强调大力加强马克思主义理论学科建设,为高校思想政治理论课教师队伍建设提供学科支撑。该文件提出,要进一步汇聚学科队伍,建设优秀教学团队,使思想政治理论课教师工作有条件、干事有平台、发展有空间,增强责任感和归属感。

马克思主义理论学科是“马克思主义理论”学科体系的一个重要组成部分，它是在原有的马克思主义哲学、政治经济学、科学社会主义、中共党史等二级学科继续存在的情况下新增设的学科。这个新学科是对马克思主义进行整体性研究的学科，它注重加强马克思主义各个组成部分内在关系的研究和把握，注重加强马克思列宁主义、毛泽东思想和中国特色社会主义理论体系内在关系的研究和把握，是目前马克思主义理论学科体系中唯一的一级学科。

马克思主义理论学科的设立最直接的原因是为了支撑高校思想政治理论课教学。学科支撑的实质是科学研究的加强，在思想政治理论课中强化学科支撑必须落实到教学中的科研含量上。

必须站在马克思主义理论学科上，清醒地认识到，这个学科并非马克思主义学科体系的全部，而是马克思主义学科体系中的重要组成部分，这个学科与原有的几个分门别类研究和把握马克思主义的二级学科不同，是注重从整体上去研究和把握马克思主义。从严格的意义上讲，不少人叫马克思主义理论学科为“马学科”，这个简称是不合适的，最好使用全称，简称不妨叫“马理论学科”或者“马理学科”。

截至2018年底，全国马克思主义理论学科设有一级学科博士授权点81个，二级学科博士授权点19个，一级学科硕士点407个，一跃成为学位点最多的学科。同年，教育部批准中国人民大学等8所高校首批设置马克思主义理论本科专业，我国马克思主义理论学科本、硕、博一体化学科体系逐步构建起来。

（四）积极创造共同奋斗的积极氛围

马克思主义学院建设不仅要重视硬件，而且要重视软件，特别是要在学院内部形成良好的风气和氛围。马克思主义学院必须讲政治、讲改革、讲奉献、讲团结，上下齐心、人人担责。目标要明确，任务要分解；内耗要少，共识要多；领导要带头，骨干要先行。

要把学院建设的任务分解到基层，分解到每一个成员，每个人都应该是学院建设的参与者和贡献者。马克思主义学院主管的学科是马克思主义理论学科，在建设的过程中必须处理好同已有的几个马克思主义二级学科之间的关系。马克思主义理论学科是一个以整体性把握马克思主义的新学科，不能靠原有学科的简单相加而成。

马克思主义学院所有的教师都必须按照“一岗双能”“一身两任”的要求，努力提高政治素质、业务素质和科学研究水平。学院的教师都要放弃走单纯教书匠的老路，而坚定走出科研与教学并重、教学好科研也好的新路来。

马克思主义学院的教师必须全员树立马克思主义理论学科意识，各单位应该给教师聘双岗、定双责。每位教师都不仅要明确自己教什么课，而且同时要明确自己在什么二级学科。所有教师都应该密切关注与自己的教学任务相关的学科走势，积极承担学科建设的工作，及时吸收学科建设的最新成果。

我们不能笼统地讲教师的科研成果，而应该考核这些科研成果是否合乎所在二级学科的规范，下决心解决教学与科研“两张皮”现象，一定要努力形成用教学促进科研、用科研支撑教学的良性关系。全国高校的马克思主义学院都要坚持教学、科研两手抓，两手都要硬。这样做，既有利于我们所担当的思想政治理论课教学工作，也有利于思想政治理论课教师的成长。

思想政治理论课教学之所以应该推广专题式教学法，很重要的原因就是要促成切实增加教学中的科研含量。思想政治理论课教师不能满足于一般的政治宣传，而应该在做好政治宣传的基础上帮助学生提高理论思维的兴趣和能力。

应该科学区分思想政治理论课教学与大学生思想政治工作,真正落实思想政治理论课在大学生思想政治教育中的主渠道作用。

需要注意思想政治理论课有两个定位:首先,思想政治理论课是思政课,"思政"是思想政治理论课的政治定位,必须做到在大的政治性问题上同党中央保持高度一致,这是必须遵守的政治纪律;其次,思想政治理论课是理论课,"理论"是思想政治理论课的品位要求,必须努力使对一些重大的问题的理解上达到研究的层面。

思想政治理论课是"思政课"同"理论课"的有机结合、辩证统一。

现在还有一种提法,叫作"从思政课程到课程思政",这需要有科学的解释。如果说,所有的课程都要承担大学生思想政治教育工作,这是对的,但是这绝不是说,要把所有课程都讲成思想政治理论课。

术业有专攻,工作有分工。思想政治理论课是科学,不是什么人都能担当的,没有相关的学科基础,没有专门的理论研究,是不能教思想政治理论课的。思想政治理论课教师不能把教思想政治理论课看作只是在政治上不出问题的事情,我们在政治合格的前提下,还必须讲学术水准,讲研究水平。应该使很强的政治性话题讲出具有一定水平的学术味来,以实现政治性与学术性的统一。这也是为什么要在思想政治理论课教师系统设立马克思主义理论学科的原因,也是为什么思想政治理论课教师必须具有马克思主义理论相关学科的学科背景,并且要明确自己在马克思主义理论一级学科下的二级学科占位的原因。

(五)努力赢取多方支持

马克思主义学院在高校承担着特殊的任务,面对着种种压力。虽然中国特色社会主义已经进入了新时代,但是社会主义初级阶段的基本国情没有变,最大的发展中国家的国际地位没有变。特别是,西方资本主义在意识形态领域占有历史性的优势，世界社会主义依然处于低潮。在这种国际国内环境下，马克思主义学院的存在既有它特殊的必要，又有它特殊的困难。加上，比起很多院系来，马克思主义学院成立的时间不长，在人力、物力、财力等各方面都存在着自己的短处。而这些困难和短处单靠马克思主义学院是解决不了的，必须依靠各方协同的力量，共建马克思主义学院。

中宣部、教育部在2015年2号文件，即《普通高校思想政治理论课建设体系创新计划》中要求："各地宣传、教育部门要整合资源，推动社会力量共建高校马克思主义学院。"教育部在《高校马克思主义学院建设标准》中在明确学校党委书记是马克思主义学院建设的第一责任人、校长要切实负起政治责任和领导责任的基础上，还要求"推动本校马克思主义学院与其他高校马克思主义学院协同发展，主动争取与有关部门共建马克思主义学院"。

《高校马克思主义学院建设标准》不仅仅是对各个马克思主义学院的要求，而且是对各个高校党政领导和相关部门的要求。落实建设标准，应聚全校力量，建好马克思主义学院。提倡各个马克思主义学院推动其他有特色的项目，但是首先应该合乎《建设标准》的基本要求。马克思主义学院重在建设。我们应该抓住机遇，加强建设，积极探索，争取各自都能创造出具有推广价值的经验。

学院建设应有新的思维、创新的举措，并取得显著成果，其经验在全省(市、区)或全国有重要影响。2015年评出9家全国重点马克思主义学院：北京大学、中国人民大学、清华大学、南开大学、复旦大学、武汉大学、山东大学、吉林大学、兰州大学。2016年又评出北京师范大学、华东师范大学、福建师范大学、新疆师范大学、东北师范大学、浙江大学、中山大学、南京大学、四川大学、大连理工大学、西安交通大学等全国重点马克思主义学院。各省(市区)已经评出一批省级重点马克思主义学院。这些重点马克思主义学院应该做出好样子，发挥示范作用。

（六）全面推动现代思想政治教育创新发展

高校思想政治工作的重心发生变化，思想政治工作者的任务除了要把专门工作做好以外，还需要在更广阔领域带动各种教育力量共同做好思想政治工作。新时代思想政治工作应根据时代变化和党中央关于思想政治工作要求，推动思想政治教育创新发展。

1.推动思想政治教育模式从专门化向整体综合模式转变

改革开放以后，思想政治教育专业化发展导致思想政治教育部门化的问题。思想政治工作并不是思想政治工作部门的局部工作，更不是辅导员和马克思主义学院的工作，而是关涉办什么样的教育、如何办教育和培养什么人、如何培养人、为谁培养人等社会主义办学方向和培养德智体美劳全面发展的社会主义建设者和接班人的重大问题。

我们是中国共产党领导的社会主义国家，这就决定了我们的教育必须把培养社会主义建设接班人作为根本任务，培养一代又一代拥护中国共产党领导和我国社会主义制度、立志为中国特色社会主义奋斗终生的有用人才。在这个大是大非的问题上，没有什么可避讳、可商榷、可含糊的。要推动思想政治工作从思想政治工作部门工作向学校全局工作、中心工作、核心任务转变，从整体上改变思想政治工作生态，促进思想政治教育模式转变。

2.推动思想政治教育内容从政治向全面发展转变

传统思想政治教育比较关注思想政治内容，而对学生道德、心理和全面发展素质关注不够。改革开放以后，思想政治教育内容不断深化拓展，道德、心理健康内容等纳入思想政治教育领域。全国高校思想政治工作会议把教育内容拓展:思想水平、政治觉悟、道德品质、文化素养,其中文化素养作为思想政治教育重要内容。在全国教育工作会议提出:德智体美劳全面发展,特别提出理想信念、爱国主义、品德修养、奋斗精神、德智体美劳全面发展,劳动教育具有更丰富的思想政治教育内涵。思想政治教育内容应以具体教育内容为起点,逐步提升到思想政治层面内容。

3.推动思想政治教育渠道从主渠道主阵地向专业领域拓展

思想政治教育过程是全员全过程全方位,但由于专门思想政治教育主渠道和主阵地的确立,在人们观念中形成了思想政治教育与专业教育相脱离的倾向。在全国高校思想政治工作会议上,习近平总书记提出,做好高校思想政治工作,要因事而化、因时而进、因势而新。要遵循思想政治工作规律,遵循教书育人规律,遵循学生成长规律,不断提高工作能力和水平。要用好课堂教学这个主渠道,思想政治理论课要坚持在改进中加强,提升思想政治教育亲和力和针对性,满足学生成长发展需求和期待,其他各门课都要守好一段渠、种好责任田,使各类课程与思想政治理论课同向同行,形成协同效应。①提出以文化人以文育人的各种渠道。学校具有集中式、系统化、持续性进行中华优秀传统文化教育的独特优势,可以让中华优秀传统文化基因一代代传承下去。高校思想政治工作的渠道要在抓好主渠道主阵地的同时向专业领域、文化领域、实践领域、社会领域拓展。

4.推动思想政治教育方式方法从直接教育向间接融入式嵌入式渗入

① 习近平:《把思想政治工作贯穿教育教学全过程》,新华社2016年12月8日。

式发展

传统思想政治教育比较习惯直接教育法，通过说理教育等方式，直接针对学生思想政治问题进行教育引导。在全国高校思想政治工作会议上，习近平总书记用盐的隐喻形象地比喻了巧妙的思想政治教育方法。在全国教育工作会上，习近平总书记明确提出融入式、嵌入式、渗入式教育法，既是对宣传思想工作会因势而化、思政工作像“盐”的比喻的深化，更是对六个贯穿的理论总结。[①]思想政治教育工作者要学会利用其他渠道，把教育内容有机融入嵌入渗入教育活动过程，达到润物细无声，实现入芝兰室久而自香的效果。

5.推动思想政治工作从传统方式向新技术融合方向发展

在全国思想政治工作会议上，习近平总书记指出：“要运用新媒体新技术使工作活起来，推动思想政治工作传统优势同信息技术高度整合，增强时代感和吸引力。”[②]要把网上的舆论引导和网下的思想工作结合起来，既会“键对健”，又能“面对面”。

6.推动思想政治教育队伍从专门队伍到调动全员化转变

思想政治教育是教育的基本目的，是高等教育的基本任务，需要全员化。思想政治教育活动是一门科学、是一门专业，是一门职业。要培养思想政治教育人员专业精神、专业知识、专业态度、专业能力、专业人格。要使思想政治教育工作者成为人们所尊敬的职业。但是，思想政治教育专门化并不意味着只靠专门人员能够完成，思想政治工

① 习近平：《思政课时落实立德树人根本任务的关键课程》，《求是》2020年第17期。

② 习近平：《把思想政治工作贯穿教育教学全过程》，新华社2016年12月8日。

作专门人员不能够包打天下,要学会从自己做到调动大家一起做,形成思想政治教育合力的转变。

现在,全国高校的马克思主义学院都在认真组织学习宣传贯彻党的二十大精神,其中有一个重要任务就是,抓住机遇,乘势而为,把已经成立起来的马克思主义学院建设好、发展好。

在中国特色社会主义新时代,高校的马克思主义学院一定要在新时代的新征程中起带头作用,挺立于时代潮头,争做时代先锋,努力创造出合乎新时代所要求的新业绩。

第四节　强化高校思政课教师队伍政治素质管理机制

由于高校思政课教师工作的特殊性,高校思政课教师政治素质有可能与未来人才的质量直接相关。因此,必须重视高校思政课教师政治素质的建设工作。

一、坚决防范政治风险

高校思政课教师是为党工作的,责任非常重大。高校思政课教师政治素质的提升本来就是党的政治建设的重要内容。要提高高校思政课教师政治素质,必须大力加强党的政治建设,坚决防范政治风险。必须清醒地认识到,有的地方党内政治生活还程度不同地存在着不讲创新、不讲活力、照搬照套的倾向,党内政治生活时代性不够的问题还比较突出。

（一）培育党内政治文化

发展积极健康的党内政治文化，是党的政治建设的重大任务和崭新课题。我们的党内政治文化，是以马克思主义为指导、以中华优秀传统文化为基础、以革命文化为源头、以社会主义先进文化为主体、充分体现中国共产党党性的文化。要以党内政治文化作为党的政治建设的价值导向和内在精神，引导全党同志永葆共产党人政治本色。

培育党内政治文化，才能从根本上防范政治风险。党内政治文化健康发展，政治生态就会风清气正，政治建设就会卓有成效。政治文化对政治生态具有潜移默化的影响，政治文化是政党在政治实践中积淀而成，且是贯穿于政党政治实践过程中的情感认同、价值认同、行为认同的政治生活方式。中华优秀传统文化，以坚定的共产主义理想信念为核心的革命文化，以自力更生、艰苦奋斗、一代人吃几代人苦为核心的社会主义先进文化是中国共产党人永远的精神养料，必须世代继承和发扬。

（二）提高党员干部政治本领

习近平总书记说：“坚持党性，核心就是坚持正确政治方向，站稳政治立场，坚定宣传党的理论和路线方针政策，坚定宣传中央重大工作部署，坚定宣传中央关于形势的重大分析判断，坚决同党中央保持高度一致，坚决维护中央权威。”[1]

---

①《习近平关于社会主义文化建设论述摘编》，中央文献出版社2017年版，第24页。

1.坚定政治立场

严明政治纪律,保持共产党人的政治本色。政治纪律是最重要、最根本、最关键的纪律,遵守党的政治纪律是遵守党的全部纪律的重要基础。要做政治上的明白人,增强政治敏锐性和政治鉴别力,在重大原则问题和大是大非面前立场坚定、旗帜鲜明,同党中央保持高度一致,坚持"五个必须",严防"七个有之",坚决同各种违背原则、违反党纪党规、损害党中央权威现象作斗争。

2.养成大局意识

毛泽东同志在中共七大预备会议上说:"要知道,一个队伍经常是不大整齐的,所以就要常常喊看齐,向左看齐,向右看齐,向中看齐。我们要向中央基准看齐,向大会基准看齐。看齐是原则,有偏差是实际生活,有了偏差,就喊看齐。"[①]这是毛泽东同志对看齐意识的诠释和表达。看齐主要是向党中央看齐,向党的理论和路线方针政策看齐,向党中央决策部署看齐,看齐的目的在于维护中央权威。

要善于维护中央权威,从政治上研判形势、分析问题,做到一切服从大局、一切服务大局。

3.强化风险意识

要密切关注现实,保持清醒头脑。增强政治敏锐性和政治鉴别力,对容易诱发政治问题特别是重大突发事件的敏感因素、苗头性倾向性问题,对意识形态领域各种错误思潮、模糊认识、不良现象,保持高度警惕。做到眼睛亮、见事早、行动快。要练就一双政治慧眼,不畏

① 《毛泽东文集》第3卷,人民出版社1996年版,第297—298页。

浮云遮望眼，切实担负起党和人民赋予的政治责任，履行好党和人民赋予的职责使命。

精心研究并掌握信息传播规律。要分析信息传播各环节，特别是对特别容易出现政治风险的环节严格管控高度警惕。

4. 提高风险处置能力

做好防范和化解各种重大风险的准备，及时阻断不同领域风险转换通道。防止非公共性风险扩大为公共性风险、非政治性风险演变为政治风险。建立舆情应急预警机制，防患于未然。及时收集一切舆情信息，科学研究分析，采取有效措施，积极化解负面舆情，形成良好的正向的舆论。各级党组织要做有心人，努力提高风险处置能力。

要全面提升高校思政课教师防范化解风险的能力水平。要有高超的应用新媒体的能力，充分运用大数据新技术获取信息，充分发挥现代科技有效防范政治风险，加强对涉政治安全风险的监测、预警、处置，严防形成现实危害。要加强舆论引导能力。做大做强做响新媒体，有力维护网络意识形态安全，更好服务党和国家工作大局。要培养高校思政课教师公关能力、决策能力、法治思维能力，强化应变能力。

5. 提升斗争艺术

要增强斗争精神，强化政治担当，敢于亮剑、善于斗争，发现违反政治纪律、危害政治安全的行为坚决抵制，做勇于斗争的“战士”，不做爱惜羽毛的“绅士”，严防对挑战政治底线的错误言论和不良风气听之任之、逃避责任、失职失察。

要坚决反对和纠正个人主义、分散主义、自由主义、本位主义、好人主义，对结党营私、拉帮结派，搞圈子文化、码头文化的严肃查处、决不姑息。坚决防止党内形成利益集团攫取政治权力、改变党的性质，防止山头主义和宗派主义危害党的团结、破坏党的集中统一。

习近平总书记强调:“增强党内政治生活的战斗性,就是党内政治生活要旗帜鲜明坚持真理、修正错误,勇于开展批评和自我批评,使每个党组织都成为激浊扬清的战斗堡垒,使每个党员都成为扶正祛邪的战斗员。”[①]着力增强党内政治生活的战斗性是严肃党内政治生活的重要遵循。

(三)着力增强基层党组织对思政课教师的凝聚合力

加强基层党组织建设是高校思想政治理论课教师队伍建设的重要保证,是提高思想政治理论课教师队伍素质的重要途径。只有夯实党组织的堡垒作用,不断增强其创新力、凝聚力与战斗力,才能更好地为加强思想政治理论课教师队伍建设保驾护航。要更好地发挥学校党委的政治引领、统揽全局的作用;教师党支部作为联系、团结、引导和教育教师的主心骨与中坚石,必须充分发挥核心作用,将思想政治工作作为贯穿思政课教师教育管理全过程的重要内容,做到主动关心教师,积极为教师服务。要创新党支部对思政课教师的思想教育形式,用不断丰富的多彩的形式增强思政教育的生动性,紧紧把握好思政课教师的思想动态;通过开展理论研讨和教学竞赛等多种活动,激发教师的活力;要善于发现和培养人才,要积极吸收教师队伍中的科研精英和教学骨干到党组织,为党组织补充新鲜血液。只有这样,才能增强教师基层党组织的凝聚力,才能进一步提升思政课教师的政治素质。

① 习近平:《以解决突出问题为突破口和主抓手 推动党的十八届六中全会精神落到实处》,《人民日报》2017年2月14日。

高校思政课教师身处活跃的校园环境，更应高度重视防范政治风险。

二、严把教师聘用政治关

必须严把高校思政课教师聘用的政治关。在事关政治原则、政治立场和政治方向上不能与党中央保持一致的，或理论素质、教学水平达不到相应课程要求的，不得担任思政课教师。“没有正确的政治观点，就等于没有灵魂。”[①]伟大的新时代呼唤更多优秀的人才，高校思政课教师责任重大，只有刻苦钻研、从各方面不断提升自己，让自己成为多面手，才能优质做好神圣的思政课教学工作，才能无愧于伟大的历史使命，才能实现自己的职业追求和人生价值，才能为中国特色社会主义实践做出更多贡献。

高校思政课教师的工作非常重要，也特别关键，高校思政课教师的政治素质直接关系到未来人才的整体质量，因而对于这一特殊职业群体的入职考察必须相当严格。

（一）从严入职标准

首先，对于要上岗任教的新人，必须从严考察其综合素质，尤其是要全面从严考察其政治素质。要把政治标准列为高校思政课教师从业资格的首要标准。要录取政治素质最优秀的教师从事高校思政课教学工作，如果学习成绩很好，但是政治素质差，绝对不能入职成为高校思政课教师。

① 《毛泽东著作选读》（下册），人民出版社1986年版，第780页。

其次，对于打算要学习本专业的学生，也必须首先考察其政治素质。在政治素质优秀的前提下，再考察其学习成绩是否达到学习本专业的基础条件。

（二）动态考察任课教师的政治素质

高校思政课教师上岗后并不意味着一劳永逸，要随时动态考察其政治素质，政治素质不过硬的坚决不允许从教。即便是在岗的、资历很深的老教师如果政治素质出现偏差，也要加强教育，让其深刻反思，重新涵养高校思政课教师必备的政治素质，直到合格才能重新上岗。

高校思政课教师必须时刻绷紧思想上的这根弦，在政治上必须坚决跟党中央保持一致，必须高度重视涵养优秀的政治素质，这些都是作为高校思政课教师从业的基本要求。

三、完善高校思政课教师政治素质的具体规范

必须制定强有力的规范，对于高校思政课教师的政治素质提出清晰的要求，以让高校思政课教师有章可循，以高标准和严要求不断历练自己。

要以习近平新时代中国特色社会主义思想为指导，倡导教师确立教育伦理和价值追求，建立社会调控机制（共识培育、舆论引导、制度制约、利益赏罚等环节）、价值牵引机制（价值群化、准则制定等环节）、宣教机制（宣传沟通、教育培训、领导示范等环节）、主体调控机制（义务自律、良心自律等环节）、校正机制（审查评估、修正更新等环节）；同时调控各种机制之间的相互关系，有机整合价值驱动、规则约束、道德自律三种单一的实现机制，构建高校思政课教师政治素质的管理系统。

“红十条”指出，教师是人类灵魂的工程师，是人类文明的传承者。长期以来，广大教师贯彻党的教育方针，教书育人，呕心沥血，默默奉献，为国家发展和民族振兴作出了重大贡献。新时代对广大教师落实立德树人根本任务提出新的更高要求，为进一步增强教师的责任感、使命感、荣誉感，规范职业行为，明确师德底线，引导广大教师努力成为有理想信念、有道德情操、有扎实学识、有仁爱之心的好老师，着力培养德智体美劳全面发展的社会主义建设者和接班人，特制定以下准则：

第一，坚定政治方向。坚持以习近平新时代中国特色社会主义思想为指导，拥护中国共产党的领导，贯彻党的教育方针；不得在教育教学活动中及其他场合有损害党中央权威、违背党的路线方针政策的言行。

第二，自觉爱国守法。忠于祖国，忠于人民，恪守宪法原则，遵守法律法规，依法履行教师职责；不得损害国家利益、社会公共利益，或违背社会公序良俗。

第三，传播优秀文化。带头践行社会主义核心价值观，弘扬真善美，传递正能量；不得通过课堂、论坛、讲座、信息网络及其他渠道发表、转发错误观点，或编造散布虚假信息、不良信息。

第四，潜心教书育人。落实立德树人根本任务，遵循教育规律和学生成长规律，因材施教，教学相长；不得违反教学纪律，敷衍教学，或擅自从事影响教育教学本职工作的兼职兼薪行为。

第五，关心爱护学生。严慈相济，诲人不倦，真心关爱学生，严格要求学生，做学生良师益友；不得要求学生从事与教学、科研、社会服务无关的事宜。

第六，坚持言行雅正。为人师表，以身作则，举止文明，作风正派，自重自爱；不得与学生发生任何不正当关系，严禁任何形式的猥亵、性骚扰行为。

第七，遵守学术规范。严谨治学，力戒浮躁，潜心问道，勇于探索，坚守学术良知，反对学术不端；不得抄袭剽窃、篡改侵吞他人学术成果，或滥用学术资源和学术影响。

第八，秉持公平诚信。坚持原则，处事公道，光明磊落，为人正直；不得在招生、考试、推优、保研、就业及绩效考核、岗位聘用、职称评聘、评优评奖等工作中徇私舞弊、弄虚作假。

第九，坚守廉洁自律。严于律己，清廉从教；不得索要、收受学生及家长财物，不得参加由学生及家长付费的宴请、旅游、娱乐休闲等活动，或利用家长资源谋取私利。

第十，积极奉献社会。履行社会责任，贡献聪明才智，树立正确义利观；不得假公济私，擅自利用学校名义或校名、校徽、专利、场所等资源谋取个人利益。

不断推进师德教育的先进手段。在媒体融合时代，要以全媒体思维开展师德教育培训考核，大力宣传优秀师德典型，强化师德建设的实效，扩大社会影响，在全社会形成尊师重教的氛围。

第五节　高校思政课教师要顺应智媒时代的发展

如今的新时代是智媒时代，万物皆媒，无处不网，无人不网，事事靠网。智媒时代全新的信息传播格局给社会生活的方方面面带来了前所未有的变化，高校思政课教师要高度重视这一全新大环境对大学生所产生的一系列重要影响，强化政治素养，有意识地从各方面锻炼自己成为适应智媒时代的全能型教师。

思想政治理论课教师除了掌握专业理论知识以外，还要积极关注媒体融合的时代特色，充分利用开发现代传播技术丰富自己的教育教学，两微一端、在线课程、慕课、线上线下相结合，等等，这些新媒体技术要熟练用于教学，提高教学效率，加强生动性和现场感，使教育教学更加活跃，更加吻合大学生青春活泼的特点。思想政治理论课教师要成为有理论、会用现代化传播手段、懂学生心理的多面手，才能高效率履行立德树人的伟大使命。

一、关注媒体融合的时代特色

习近平总书记洞察大势、放眼全局，坚定不移推进媒体融合发展。他强调“过不了互联网这一关，就过不了长期执政这一关”。[①]必须清醒地认识到，有的地方党内政治生活还程度不同地存在着不讲创新、不讲活力、照搬照套的倾向，党内政治生活时代性不够的问题还比较突出，根本没有关注传媒化的社会需求和受众的传媒化。着力增强党内政治生活的时代性是严肃党内政治生活的时代要求，要让党旗在“云端”高高飘扬。

积极运用互联网、大数据等新兴技术，是我们党增强网络空间和新兴媒体传播力、引导力、影响力、公信力的重要手段，而且也是我们党创新组织活动内容方式、使党内政治生活始终充满活力的重要内容。

2019年1月25日，中共中央政治局在人民日报社就全媒体时代和

---

① 习近平：《加快建设文化强国》，《求是》2025年第8期。

媒体融合发展举行第十二次集体学习，习近平总书记强调，“推动媒体融合发展、建设全媒体就成为我们面临的一项紧迫课题”，“宣传思想工作要把握大势，做到因势而谋、应势而动、顺势而为。我们要加快推动媒体融合发展，使主流媒体具有强大传播力、引导力、影响力、公信力，形成网上网下同心圆，使全体人民在理想信念、价值理念、道德观念上紧紧团结在一起，让正能量更强劲、主旋律更高昂”[①]。

习近平总书记在十九大报告中指出：“牢牢掌握意识形态工作领导权。意识形态决定文化前进方向和发展道路。”“高度重视传播手段建设和创新，提高新闻舆论传播力、引导力、影响力、公信力。加强互联网内容建设，建立网络综合治理体系，营造清朗的网络空间。落实意识形态工作责任制，加强阵地建设和管理。”

（一）高校思政课教师必须充分运用智媒时代传播技术

新时代高校思政工作更是离不开全媒体时代的巨大影响，新时代高校思政课教师开展教育教学工作必须充分结合全媒体的时代特色。如今的大学生更是手不离机，现代高校思想政治教育必须充分利用全媒体的传播格局。

如今的新媒体时代使“人人都有麦克风、人人都是麦克风、人人都是信息传播者”。人人都是中心反而没有了中心，很多信息根本没有核实立刻迅速传播，不断发酵，影响飞快扩大。

随着全媒体的不断发展，我们的生活中出现了全程媒体、全息媒体、全员媒体、全效媒体等多种形式，信息流动无处不在、无所不及、无

① 习近平：《加快推动媒体融合发展 构建全媒体传播格局》，《求是》2019年第6期。

人不用，体现的是一种“信息爆炸”的发展态势。

防范化解重大风险，要提高政治能力，增强政治敏锐性和鉴别力，善于从政治上分析问题、解决问题，善于透过复杂现象把握本质，把握时度效，抓住要害、找准原因，果断决策、一击即中。要有见微知著能力，草摇叶响知鹿过、松风一起知虎来、一叶易色而知天下秋，见事早、行动快。要增强群众工作能力，善于引导群众、组织群众，善于整合各方力量、科学排兵布阵，打好“组合拳”，有效掌控局势。要综合运用政治、经济、外交、法律等各种手段，打好维护国家政治安全整体战、持久战。要积极探索专群结合的新途径新办法，化消极因素为积极因素。要全面提升防范化解风险的能力水平。加强对涉政治安全风险的监测、预警、处置，严防形成现实危害。要提升受众的媒介素养，大数据素养，加强行业自律，畅通信息沟通渠道，建立全国通用的一体化舆情应急协同平台。

党和国家要求高校教师要树立远大的人生理想，勇于承担国家和社会责任。习近平总书记在2014年北京师范大学师生座谈会上指出：“好老师心中要有国家和民族，要明确意识到肩负的国家使命和社会责任。”[①]《关于加强和改进新形势下高校思想政治工作的意见》要求加强高校教师国家意识、法治意识、社会责任意识教育。广大高校教师要以培育大量对党忠诚、为党服务、为国尽责、为民造福的人才为本职，以坚定信仰、积极传播和模范践行中国特色社会主义共同理想和中华民族伟大复兴的中国梦为己任。

立德树人是中华民族的优秀文化传统。中华民族在漫长的历史

① 习近平：《做党和人民满意的好老师——同北京师范大学师生代表座谈时的讲话》，新华社2014年9月10日。

发展过程中，构建了一套成熟的道德价值体系，形成了丰富的个人伦理、家庭伦理、国家伦理以及宇宙伦理的道德规范体系和道德教育理论。我们党继承和发扬了中华民族崇德的传统，坚持把立德树人作为教育的根本任务。

要发挥道德典型的示范作用、道德文化的引领作用，加强公民道德文化建设，努力营造向上向善、孝老爱亲、忠于祖国、忠于人民的道德氛围，创设和谐、文明、健康、有序的校园人文环境。要加强和改进思想政治工作，开展丰富多彩的校园精神文明创建活动。深化学雷锋志愿服务，推进文明社会风尚行动，开展各类精神文明共建活动，提高师生文明素养、丰富师生文化生活、培育健康文明风尚，为建设中国特色社会主义精神文明贡献力量。

高校思政课教师要充分利用先进的全媒体手段积极传播中国化的马克思主义理论，增强传播实效。要理直气壮地宣传马克思主义，引导学生坚持用马克思主义指导自己的人生，始终与党中央保持一致，为社会主义奉献青春。

要充分利用云计算、大数据、人工智能等新技术，及时了解思政课教师在全媒体时代的思想动态，有针对性开展政治素质教育活动和评估，眼睛亮、见事早、行动快，抓苗头，顺应新时代的要求，有效提升高校思政课教师的政治素质。在对外政治传播方面，更要提升政府和主流媒体在总体国家安全观和社会主义核心价值观方面的传播力、引导力、影响力、公信力。

思政课教师必须掌握运用新的教学载体和形式，进一步加强思政课教师素质养成的时代感。比起前人，当代大学生的知识更扎实、思想更活跃、情感更丰富、个性更鲜明，这些新变化对思政课教师能力提出更高要求。新时代思政课教师要充分尊重教育对象，摒弃填鸭式理论教学，大胆运用各种新兴信息技术及深受学生欢迎的应用软件，使用更接地气的话语深入浅出地讲解理论,缩短理论与青年人的距离,通过提高思政课教学的交互性、立体性赋予课堂吸引力和感染力。

高校思政课教师要努力学习大数据新技术,善于利用大数据新技术提高教学效果,强化马克思主义理论的传播影响力。身处全媒体时代的高校思政课教师,要深刻把握四全媒体的传播特色,把大数据新技术用于思政课教学。

高校思政课教师要利用全程媒体展现思想政治教育的连贯性,教师对国内外重大事件要结合教材通过各种传播途径对高校大学生进行相关重大事件全部环节的正确解读,让学生完整了解事件的全过程。

教师要利用全息媒体全方位地开展最全面的思想政治教育。可以采纳H5、人工智能等现代技术手段以图片、文字、语音、视频、音频、VR、AR等相结合的形式,对思想政治教育内容进行再加工、再编辑、再制作,使之更加立体化、精细化、多元化、网络化地充分传播思想政治教育信息。目前,大学生获取信息的方式普遍碎片化、快餐化、简捷化,网络语言日新月异,教师要以适合学生的方式开展有效传播,让学生深度了解思想政治教育内容。

教师要利用全员媒体更广泛地吸引受众对思想政治教育活动更深入地参与。全媒体时代已经实现信息的多向互动传播,信息发布者和接收者可以通过媒介开展一对一、一对多、多对一式的即时交流沟通。教师可以开通微博、个人微信公众号、QQ、抖音等媒体平台,鼓励学生通过这些载体表达心声和诉求,以便教师及时了解学生心理状态及所思所想,尽力解决学生的实际问题。思政课教师要组织对当前社会焦点以及广大学生群体感兴趣的问题展开有序探讨,并要求大家积极参与并表达意见,从而提高学生的思辨能力。

教师要利用全效媒体提高思想政治教育的有效性。随着受众的进一步细分，教师要熟练掌握全媒体传播技术，提高信息传播能力，通过全效媒体精准把握大学生对思想政治教育内容、传播方式的接受程度及喜好，根据这些直接反馈信息及时调整教育教学手段，全面强化传播实效。

思想政治教育要融入全媒体时代特色。高校思想政治教育视域下的全媒体时代特色包括技术特色，传媒化的学生特色。全媒体时代的大学生思想政治教育信息内容更丰富、形式更多样、来源更广泛。习近平在全国高校思想政治工作会议中明确指出："做好高校思想政治工作，要因事而化、因时而进、因势而新"，而要完成新形势下宣传思想工作的使命任务，"必须科学认识网络传播规律，提高用网政治水平，使互联网这个最大变量变成事业发展的最大增量"。

高校思政课教师要全面把握媒体融合发展的趋势和规律，了解信息传播的诸多变化，深入研究学生，掌握全媒体时代信息传播的新技术，加强教学感染力。熟练运用新技术精准获悉学生对教学内容和教学手段的反应，及时调整教学方式。全媒体传播格局正在渗透进入社会生活的方方面面，高校思政课教师必须高度重视并且熟练运用新技术，使教学更有现代性。

习近平总书记要求，全媒体时代的高校思政课教师"要运用新媒体新技术使工作活起来，推动思想政治工作传统优势同信息技术高度融合，增强时代感和吸引力"[①]。高校要把线下的课堂教学延伸到网上教学，采用AR、VR技术，以文字、音频、视频、音乐欣赏、红色电影、专题纪录片、慕课等形式鲜活地传播思想政治教育信息，并在学校主页显著位置大力推广，通过计算浏览量等数据对学生进行奖励，如，学习

① 《习近平谈治国理政》第2卷，外文出版社2017年版，第378页。

强国平台产生的强大影响力就是非常值得借鉴的典型的成功案例。手机直播平台、抖音小视频等都可以用于开展思想政治教育。大学校园里的诸多传统媒体也要注入新的内容，要充分采用大数据新技术，以增强传播实效，如，把日益流失读者的传统校报同时也放到校园网，同时注册两微一端，增加受众群和阅读量，扩大影响；传统的校园宣传橱窗、黑板报、横幅标语等，都要用新技术使之亮起来、动起来、活起来，可以引入电子屏幕、触摸屏，不断更新播发包含最新信息的电子报吸引学生的注意力。学生在这样的全媒体环境中能根据自己的喜好和所处的环境及时便捷地获取自己所需信息，同时又能快速表达自己的意见和主张，高校思政课教师要做有心人，在第一时间掌握这些反馈，迅速调整自己的教育教学，从而达到最佳传播效果。

随着信息技术的发展，互联网已经成为功能强大的新兴媒体，成为我国众多网民获取信息、交流思想、表达诉求的平台，对社会舆论态势和走向产生着不可估量的重要影响。要认清互联网的特点和发展趋势，提高思想认识，理顺管理体制，完善管理机制，加强行业自律，倡导文明办网、文明上网，引导网民理性讨论问题、表达意见，有效引导网上舆论，使新兴媒体成为传播阵地。在充分发挥报纸、杂志、广播、电视等传统媒体作用的同时，要充分利用互联网、手机、博客等新兴媒体的广泛影响，立体化地开展宣传教育，积极占领这些新的阵营使之为推进习近平新时代中国特色社会主义思想的深度传播服务，使当代中国化的马克思主义深入人心。

要充分运用现代传播规律，积极探索新媒体时代社会主义核心价值观传播的特点和规律，不断创新教育形式和内容。科学合理推动传统媒体与新媒体的融合，各取所长，达到最佳传播效果。

新时代，我国发展站到了新的历史起点上，社会主要矛盾发生了重大转变，新的社会事件和社会思潮层出不穷；世界处于百年未有之大变局中，我国日益走近世界舞台中央，面临更大的机遇和挑战；新媒体时代的来临，极大地降低了每个社会成员制造、获取和传播信息的成本，客观上消解了思政课教师因长期垄断知识资源形成的权威。面对这些新问题，必须以习近平总书记在学校思想政治理论课教师座谈会上的重要讲话精神为指导，以实现教师素质时代化为目标，继续深化教师素质建设的改革。

实际上，人们是根据各种传媒提供的各类信息才形成了对这个世界的初步印象，我们以传媒为介体感受真实的世界，是大众传媒框定了我们对世界的评价。传媒素养的养成教育就是试图解构这些隐藏在传媒信息背后的机制，让人们了解为何会呈现这样的传媒内容，从而使人们更加接近真实世界。

信息时代的人们传播能力和沟通交往能力都在加强。在媒介素养教育实践中我们应充分认识到，由于国家性质、文化背景、媒介产业政策以及媒介发展所处的历史阶段的差异，使各国媒介素养教育的特点、面临的任务、应采取的方法也不尽相同。我们要从本国的基本国情出发，充分借鉴国外的成功经验，不断更新知识，有针对性地开展我国的媒介素养教育。

1.媒体素养缺失的表现

手机是我国网民的第一大上网终端，一些高校教师媒体素养比较缺失，具体有如下表现：

第一，迷信盲从媒体信息，疏于思考分析，缺乏质疑精神和鉴别思辨能力，信息敏感度低，媒体的使用目的不清晰

第二，严重依赖媒体。教师每天长时间地浏览手机信息，新媒体以其诸多优势最大限度地攫取了教师的时间。

第三，认识肤浅，对于不良信息缺乏足够的警惕防范意识。一些西方反动势力利用新媒体进行反动宣传与不健康的思想渗透和文化

干预,误导了一些意志薄弱的师生,个别人还误入歧途,这都是高校教育者和管理者要特别关注的不安定因素。

2.媒体素养缺失对高校思想政治教育的消解

在媒体化社会,媒体素养的作用越来越重要。媒体素质缺失对高校学生的负面影响更大。

第一,媒体素养差会削弱思想政治教育的成果。新媒体无遮拦的信息铺天盖地扑向大学生,媒体素养差者无力应对。一些不良信息严重干扰学生的心理健康和正常生活,严重削减了思想政治教育的成果。

一些未经严格把关的消极落后、腐朽、不道德的思想文化信息通过新媒体不断对大学生渗透,经过多次传播会引发新的道德失范和不良行为,不良信息的泛滥还会扰乱信息传播环境,并带来一系列社会伦理问题。这对当代大学生的思想政治教育工作提出了新课题。

第二,媒体素养差会增加思想政治教育工作的难度。由于新媒体发布信息具有不确定性、无障碍性和广泛性,对新媒体发布信息的筛选和掌控明显滞后,监管难度比传统媒体大得多,大量碎片化的信息加大了受众正确选择利用信息的难度。

媒体素养差的大学生自我控制能力相对较差,对新媒体的强烈依赖,导致独立思考和研究能力迅速下降。大学生还没有形成稳定的人生观、价值观,缺乏理性的判断能力,在当今多元价值体系并存的环境下更容易受到形形色色的诱惑。这显然增加了大学生思想政治教育工作的难度,迫使思想政治教育工作投入更多。

第三,媒体素养差会阻碍大学生的发展和进步。大众传播呈现出小众化的趋势和多媒体整合态势,信息发布更快捷、更富有现场感。新媒体的信息传播缺少了传统媒体的审查制度和把关程序,大学生可通过新媒体在任何时间、地点,对任何人发布信息,这根本冲击了传统意义上主流媒体的话语霸权。在快餐文化时代,少数新媒体参与者社会责任感缺失,一心追求经济利益的最大化,迎合受众制造低档信息产品,导致拜金主义、个人主义、享乐主义、极端功利主义、消费主义等思潮沉渣泛起。如果学生没有很好的媒体素养,面对信息的无限性和随意性就会受到更大伤害。

3.提升媒体素养对于加强思想政治教育的意义

高校学生更需要能指导生活、学业、就业等的实用信息,需要最大限度地减少媒体道德失范的危害。提升媒体素养对于加强思想政治教育具有重要意义。

第一,有利于消解媒体的负面影响。

要有效消除大众传媒道德失范的不良影响,受众识别抵制这些传播内容的传媒素养水平很关键。[①]在监管难度较大的情况下,媒体素养教育是弱化新媒体负面影响最有效的方法。高校思政课教师要引导大学生正确参与新媒体信息传播,自觉承担社会责任。

第二,有利于加强思想政治教育的合力。

媒体素养的提高是信息时代对每个公民提出的素质要求。加强媒体素养教育有助于促进各个渠道的思想政治教育形成最大的合力。要想成为信息的主人,就必须不断训练利用媒体的能力,才能合理选取对自己有帮助的信息,满足自己的需要。对传媒不良影响的易感人群大学生群体尤其要加强媒体素养教育,要培养大学生面对不良传播活动去伪存真的辨别力、选择力和抵抗力。开展大学生媒体素养教育的目的在于引导学生学会充分有效利用大众传媒资源完善和发展

① 彭颜红:《大众传媒道德失范治理研究》,人民出版社2018年版,第189页。

自我。

第三,促进思想政治教育的顺利开展。

随着信息技术的高速发展,媒体已深深融入大学生学习和生活的方方面面,现代人再也不是从前的人,而是媒体化的人。教育者和管理者也在力争更多利用媒体开展教育教学活动,以增强感染力和吸引力,学生媒体素养强,就能自主剔除负面信息的毒素,更好地吸收正面教育内容的养分。加强媒体素养教育,能有助于思想政治教育顺利进行。

要积极探索新媒体时代思想政治工作的特点和规律,充分利用网络社会所创造的机遇,拓展思想政治教育的新渠道,促进高校思想政治工作多样化,最大限度地发挥思想政治教育信息的价值。要大力建设红色网站,主动占领大学生思想政治教育的阵地,充分利用微信、微博、客户端、博客、短信、QQ、MSN、电子邮件、校园网、手机网、BBS等新媒体多路径的综合传播,更生动有趣地开展思想政治教育。优秀的媒体素养能使教育活动达到更好的效果。

要充分利用云计算、大数据、人工智能等新技术,及时了解思政课教师在全媒体时代的思想动态,有针对性开展政治素质教育活动和评估,眼睛亮、见事早、行动快,抓苗头,顺应新时代的要求,有效提升高校思政课教师的政治素质。

4.加强媒体素养终身教育

目前,我国的媒体素养教育还只是开端,高校应将媒体素养教育纳入素质教育范畴,使之成为高校教育的重要组成部分。高校开展媒体素养教育要符合本土化和国际化的要求,要培养和提高大学生自觉规避有害信息的意识和能力,自觉遵守媒体规范与道德原则,合理使用新媒体资源。

特别要对高校思想政治教育工作者加强媒体素养教育,使教育者也要具有崇高的信息道德和优秀的信息处理能力，通过有效筛选、分析和运用信息，增加思想政治教育工作的说服力和有效性。思想政治教育工作者捕捉、收集、分析、判断、处理、吸收和传递信息的自觉程度，直接关系到思想政治教育工作的成效。现在，很多教育者信息素质普遍较差，强化培训、优化师资势在必行。思想政治教育工作者要充分了解网络环境，积极开发数据库有选择地给学生传递有用信息，引导学生遵守信息法律法规，自觉自愿抵制各种不良信息。

二、加强自我教育

高校思政课教师必须是忠实的马克思主义信仰者，必须加强思想政治素质方面的相关学习和实践，进行思想政治素质的自我管理和提高。

我国从1978年改革开放以来，随着计划经济向市场经济的根本转变，人们的思想道德观念也发生了变化。由于经济全球化进程的加快，西方文化快速渗透到国内，我国出现了思想观念多变、文化形态多元、价值取向多样的局面，当前大学生的价值观以及思想观念自然也复杂化、多样化，而思想政治理论课作为我国高校的特色课程，是大学生接受并形成正确价值观的重要教育来源。

高校思政课教师的主要任务是用科学理论培养人、用正确思想引导人，因此必须认真学习马克思主义理论，牢固确立马克思主义信仰，真正成为有坚定信仰的马克思主义理论宣传员。对一名政治理论课教师来说，对马克思主义只有真信，才能真学，在学习、研读马克思主义经典作家理论的时候才能真正理解和掌握其精髓，课堂上讲授马克思主义理论的时候才能有底气，才能教会学生活学活用马克思主义的方法，这是教师们讲好思政课的必备条件。

高校思政课教师必须加强自我教育，加强理论修养，熟读马克思主义经典文献，特别是习近平新时代中国特色社会主义思想，培养深厚的马克思主义理论功底，坚持用马克思主义理论武装头脑，提高政治理论修养。

（一）精读马列原著

高校思政课教师必须熟读马克思主义经典文献，学习习近平新时代中国特色社会主义思想，培养深厚的马克思主义理论功底，坚持用马克思主义理论武装头脑，提高政治理论修养，坚定正确的政治方向，不断提高专业理论水平。要认真引导教师对马克思主义真学、真懂、真信、真用，真正让懂马列、信马列、有理想信念的教师来教思想政治理论课。

习近平总书记指出："办好思政课，最根本的是要全面贯彻党的教育方针，解决好培养什么人、怎样培养人、为谁培养人这个根本问题。"[①]办好高校，必须坚持正确的政治方向。办好思政课首先要强调教育第一，创造性地提出教师是教育发展的第一资源，兴国必先强师，教师职业无上光荣，要从全党全社会、从战略高度来认识教师工作的重要性。

高校思政课教师要充分利用先进的全媒体传播技术积极传播中国化的马克思主义理论，增强传播实效。要理直气壮地宣传马克思主义，引导学生坚持用马克思主义指导自己的人生，始终与党中央保持一致，为社会主义奉献青春。

① 习近平：《用新时代中国特色主义思想 铸魂育人 贯穿党的教育方针落实立德树人根本任务》，《人民日报》2019年3月19日。

要教育引导思政课教师增强政治敏锐性和政治鉴别力。思政课教师的政治素养是最重要的且是首位的素养。

习近平总书记说,“扎实的知识功底、过硬的教学能力、勤勉的教学态度、科学的教学方法是老师的基本素质,其中知识是根本基础。学生往往可以原谅老师严厉刻板,但不能原谅老师学识浅薄。‘水之积也不厚,则其负大舟也无力。’知识储备不足、视野不够,教学中必然捉襟见肘,更谈不上游刃有余”[①]。习近平总书记2014年在同北师大师生座谈时,引用过一位国外教育家的话,“为了使学生获得一点知识的亮光,教师应吸进整个光的海洋”。他要求老师“始终处于学习状态,站在知识发展前沿,刻苦钻研、严谨笃学,不断充实、拓展、提高自己”[②]。教师是人类灵魂的工程师,承担着神圣使命。习近平总书记说,“做好老师,要有仁爱之心。教育是一门‘仁而爱人’的事业,爱是教育的灵魂,没有爱就没有教育”[③]。好老师应该懂得既尊重学生,使学生充满自信、昂首挺胸,又通过尊重学生的言传身教教育学生尊重他人。[④]

要牢固树立坚定的信仰,不断提高理论修养。思政课教师作为传道者,自己首先要明道、信道。而新时代的这个道,首先是马克思主义信仰、中国特色社会主义共同理想和共产主义远大理想、社会主义核

① 周达疆、王镭、崔静、王英姿:《新时代思想政治教育丛书 新时代学校课程思政建设研究》,天津人民出版社2022年版,第232页。

②《习近平在北京师范大学考察 号召全国广大教师做党和人民满意的好老师》,《人民日报》2014年9月10日。

③《习近平在北京师范大学考察 号召全国广大教师做党和人民满意的好老师》,《人民日报》2014年9月10日。

④ 范媛吉、刘松、崔坤在:《新时代师德师风建设》,湖南大学出版社2021年版,第71—72页。

心价值观。当前,社会上存在着一些不良思潮如拜金主义、享乐主义、个人主义等,尤其是西方意识形态的渗透,高校思政课教师处在这样的氛围,其内心的信仰面临着巨大的挑战。作为一名马克思主义理论教员,一定要头脑清醒、立场坚定,始终坚持马克思主义理论的指导作用,坚定马克思主义信仰。要做到这一点,教师首先要深入把握、理解马克思主义相关理论,精读经典著作,完整准确、全面系统地掌握马列主义、毛泽东思想、邓小平理论以及习近平新时代中国特色社会主义理论,打好自身的理论基础,坚定马克思主义的信仰。否则,对马克思主义真学、真懂,真信、真教便无从谈起。

其次,要加强师资队伍建设,对思想政治理论课教师进行集中培训学习以及参加社会实践锻炼,学习党中央的相关理论、政策尤其是现行时事政策解读,选派老师到革命摇篮井冈山参加社会实践,到革命圣地延安接受精神熏陶,到“新中国从这里走来”的革命圣地西柏坡感受其精神……到这些地方参观学习,不仅听取报告还进行实地考察,重走革命路,亲临现场体验,从而使教师从内心深处受到极大地触动,深感今天的幸福生活来之不易,这可为教师坚定马克思主义信仰上生动的一课。

“教师无小节、处处是楷模”。思想政治理论课教师要提高教育科研能力,根本就在于必须具备马克思主义理论素养。一方面,毛泽东思想、邓小平理论、“三个代表”重要思想、科学发展观和习近平新时代中国特色社会主义思想是马克思主义中国化的理论成果,与马克思列宁主义既具有一脉相承性又具有与时俱进性。马克思列宁主义、毛泽东思想、邓小平理论、“三个代表”重要思想、科学发展观和习近平新时代中国特色社会主义思想是我们立党立国的根本指导思想,是全党全国人民团结奋斗的共同思想基础。具备马克思主义理论素养,必须加强对马克思主义整体性的把握。使马克思主义理论与具体实际相结合，必须吸取马克思主义理论之外的各学科的精华，如与马克思主义基本理论相关的各种背景材料、前沿学科知识和交叉学科知识等，更重要的是要了解高新技术的最新发展动态，提高自然科学的素养，不断调整、完善和优化自己的知识结构。思想政治理论课教师要有坚定的马克思主义的理想信念，有事业心和责任感，有表里如一、始终如一的境界。[①]

（二）认真研究重要文件

党和国家始终重视高校教师队伍的理论学习，特别是党的十八大以来，围绕教师队伍建设颁布过多个重要文件。2012年国务院印发的《国务院关于加强教师队伍建设的意见》指出："全面提高教师思想政治素质。坚持和完善理论学习制度，创新理论学习的方式和载体，加强中国特色社会主义理论体系教育，不断提高教师的理论修养和思想政治素质。"2013年，中组部、中宣部和教育部发布的《关于加强和改进高校青年教师思想政治工作的若干意见》指出，"强化政治理论学习。……加强理想信念教育，组织青年教师学习党的基本理论、基本路线、基本纲领、基本经验、基本要求，努力提高青年教师政治理论素养，进一步增强对中国特色社会主义的理论认同、政治认同、情感认同，坚定道路自信、理论自信、制度自信，自觉践行社会主义核心价值体系，坚持正确政治方向"。2013年8月19日，习近平总书记在中央宣传思想工作会议的讲话与高等学校思想政治工作密切相关的有：八、坚持马克思主义对哲学社会科学的指导。九、把立德树人贯彻高等教

① 张雷声：《试论思想政治理论课教师的素质构成》，《思想理论教育导刊》2006年第2期。

育全过程。十三、思想政治工作是学校各项工作的生命线。

2015年中共中央办公厅、国务院办公厅联合颁发的《关于进一步加强和改进新形势下高校宣传思想工作的意见》强调，要大力提高高校教师队伍思想政治素质，要着力加强教师思想政治工作，进一步健全教师政治理论学习制度。

要对高等学校思想政治理论课教师加强中华优秀传统文化和革命文化、社会主义先进文化教育，弘扬爱国主义精神，引导广大教师热爱祖国、奉献祖国。创新教师思想政治工作方式方法，开辟思想政治教育新阵地，利用思想政治教育新载体，强化教师社会实践参与，推动教师充分了解党情、国情、社情、民情，增强思想政治工作的针对性和实效性。要着眼青年教师群体特点，有针对性地加强思想政治教育。落实党的知识分子政策，政治上充分信任，思想上主动引导，工作上创造条件，生活上关心照顾，使思想政治工作接地气、入人心。

2016年12月7日至8日，习近平总书记在全国高校思想政治工作会议上发表重要讲话。他强调，高校思想政治工作关系高校培养什么样的人、如何培养人以及为谁培养人这个根本问题。要坚持把立德树人作为中心环节，把思想政治工作贯穿教育教学全过程，实现全程育人、全方位育人，努力开创我国高等教育事业发展新局面。[①]习近平总书记这次讲话，既与思想政治工作其他讲话一脉相承、一以贯之，同时又有高校思想政治工作特殊内涵。

这些讲话以高校思想政治工作为视角，以培养社会主义建设者和接班人为视角，以全面推进中国特色社会主义教育发展为视角，提出很多有价值的基本方略，如思想政治理论课要坚持在改进中加强，在

① 习近平：《把思想政治工作贯穿教育教学全过程》，新华社2016年12月8日。

创新中提高，及时更新教学内容，丰富教学手段，不断改善课堂教学状况，防止形式化、表面化，等等。高校思想政治工作要感染青年，就要运用青年喜爱并接受的话语和活动方式。只有学生认可和接受推出的活动，才有可能进一步去接受活动背后的价值观念。

要深刻认识总书记系列讲话的战略意义，这些讲话中的新理念、新思想、新观点有：第一，高校思想政治工作是我国高校的特色和优势。高校思想政治工作关系高校培养什么样的人、如何培养人以及为谁培养人这个根本问题。高校思想政治工作，既是我国高校的特色，又是办好我国高校的优势。面对新形势新任务，高校思想政治工作只能加强不能削弱，只能前进不能停滞，只能积极有为不能被动应付。第二，高校思想政治工作要以学生为中心。思想政治工作从根本上说是做人的工作，必须围绕学生、关照学生、服务学生。不断提高学生思想水平、政治觉悟、道德品质、文化素养，让学生成为德才兼备、全面发展的人才。第三，高校思想政治工作要坚持与时俱进、遵循规律、改进方法的理念。要因事而化、因时而进、因势而新。要遵循思想政治工作规律，遵循教书育人规律，遵循学生成长规律，沿用好办法，改进老办法，探索新办法，不断提高工作能力和水平。第四，高校思想政治工作要充分利用学校教育的主渠道展开：要用好课堂教学这个主渠道；要加快构建中国特色哲学社会科学学科体系和教材体系；要更加注重以文化人以文育人。

要把立德树人融入思想道德教育、文化知识教育、社会实践教育各环节，贯穿基础教育、职业教育、高等教育各个领域，学科体系、教学体系、教材体系、管理体系要围绕这个目标来设计，教师要围绕这个目标来教，学生要围绕这个目标来学。当前思想政治教育是从改革开放以来实践创新发展而来的。改革开放以后思想政治教育创新发展是以思想政治教育科学化为起点，选择了科学化、学科化、专门化的发展路径。

思想政治教育科学化是推动思想政治教育发展的重要力量。改革开放以后,思想政治教育被确定为一门科学,按照科学方式建设思想政治教育,推进思想政治教育科学化,成为思想政治教育创新发展的根本动力。要强化思想理论教育和价值引领,发挥哲学社会科学育人功能,加强课堂教学和各类思想文化阵地的建设管理,加强师资队伍和专门力量建设,推进高校思想政治工作的改革创新,切实加强和改善党对高校的领导。

2019年3月18日,习近平总书记在学校思想政治理论课教师座谈会上再次指出:“办好思想政治理论课关键在教师,关键在发挥教师的积极性、主动性、创造性。”[①]这次重要讲话对于新时代思想政治理论课教师提出了更加全面更加顺应时代的新要求。

2024年8月6日,《中共中央国务院关于弘扬教育家精神加强新时代高素质专业化教师队伍建设的意见》正式发布,明确了新时代教师队伍建设的具体要求,并从多个角度描绘了培养和造就高素质专业化教师队伍的宏伟蓝图,从加强理想信念教育和加强教师队伍建设党建引领两方面鲜明提出加强教师队伍思想政治建设,其核心目标是通过弘扬教育家精神,全面提升中国教育的质量和水平,为新时代高素质专业化教师队伍的建设提供了明确指引和制度保障。这份重要文件成为新时代新征程强教强师的纲领性文件。

① 《习近平主持召开学校思想政治理论课教师座谈会强调　用新时代中国特色社会主义思想铸魂育人　贯彻党的教育方针落实立德树人根本任务》,《人民日报》2019年3月19日。

三、加强思政课教师职业修养

2014年，习近平总书记发表了题为《做党和人民满意的好老师》的重要讲话，从政治品质、道德修养、专业能力以及职业操守等方面提炼了新时代教师应具备的基本要求。

2018年9月10日，习近平总书记在全国教育大会上强调“教育是国之大计、党之大计”，是民族振兴、社会进步的重要基石。

“让有信仰的人讲信仰，善于从政治上看问题，在大是大非面前保持政治清醒。”这是对思政课教师提出的最基本的职业要求。只有自己具有坚定的马克思主义信仰，才能旗帜鲜明、理直气壮讲好马克思主义理论，才能培养出拥护中国共产党领导和我国社会主义制度、立志为中国特色社会主义事业奋斗终生的有用人才。要深入学习马克思主义基本原理，学懂弄通做实新时代中国特色社会主义思想，掌握贯彻其中的世界观和方法论，强化战略思维、历史思维、辩证思维、法治思维、底线思维，善于从纷繁复杂的风险矛盾中找到规律。

（一）培养自律意识

自律意识非常重要。习近平总书记要求思想政治理论课教师“自律要严，做到课上课下一致、网上网下一致，自觉弘扬主旋律，积极传递正能量”[①]。思想政治理论课教师是以教育人为自己安身立命的事

①《习近平主持召开学校思想政治理论课教师座谈会强调　用新时代中国特色社会主义思想铸魂育人　贯彻党的教育方针落实立德树人根本任务》，《人民日报》2019年3月19日。

业的，自己理应首先成为优秀道德的践行者，成为道德楷模，才能焕发出人性的美，教育学生才能更加具有说服力。因此，教师必须严格自律，从各方面从严要求自己，才能坦坦荡荡为学生传道、授业、解惑。我国传统师德的养成重在自律。伴随社会变迁与转型，部分师德自律的意识被消解，新时代高校师德建设要在批判借鉴传统师德修养方法的基础上，重建师德自律机制，对高校教师师德要求应该更高。

（二）丰富人文素养

思政课教师情怀要深，保持家国情怀，心里应当装着国家和民族，在党和人民的伟大实践中关注时代、关注社会，汲取养分、丰富思想。思政课教师要饱读诗书，在授课时才能引经据典，把最先进的教学内容以最美的语言展现给学生。具有丰厚的人文底蕴，才能有伟大的家国情怀。情怀是持之以恒的坚守，思政课教师的教育教学工作是活的劳动，老师自身要极富活力，对教育事业充满激情，对教育对象要无比热爱。只有富有满腔热情，才能把抽象深奥的理论讲深、讲活、讲精、讲透，才能真正吸引学生的心。只有心里装着国家和民族，才能把平凡的教育教学工作融入伟大的事业，才能时刻记住自己为党为人民奉献的光荣职责。只有具备深深的家国情怀，才能时刻关注如火如荼的中国特色社会主义实践，才能扎根于群众，向实践学习，向群众学习，向教育对象学习。富有家国情怀的教育教学将更加具有感染力、影响力和吸引力。

大学生青春年少、活力四射，可塑性极强，丰富的人文素养能使思政课教师更具人格魅力，能让学生更容易接纳自己传播的内容。思政课教师必须具有丰富的人文素养和最真挚的情感，必须对伟大的高等教育事业充满激情，才能无私奉献，才能对学生人生观、世界观的形成起到有效的引导作用。

苏联教育家苏霍姆林斯基认为，只有人格才能影响人格，只有性格才能培养性格。教育者要有效开展思想政治工作，要充分展示真理的力量和自身人格的力量，这是一种无形的教育力量，对大学生健康人格的养成至关重要。思政课教师要向学生传递自己内在精神因素的闪光点，以自己特有的人格魅力吸引学生的关注和效仿、追随、依从、接纳，这是时代和社会发展的要求。

（三）创新思维素养

习近平总书记要求思政课教师"思维要新，学会辩证唯物主义和历史唯物主义，创新课堂教学，给学生深刻的学习体验，引导学生树立正确的理想信念、学会正确的思维方法"[①]。高校思政课教师要有效利用课堂教学这个主渠道，向大学生正面灌输马克思主义中国化最新成果，教师的思维要与时俱进，确保授课内容及时反映马克思主义中国化最新成果，更好地适应新时代的发展要求。教师要深入研究社会大环境和学生内环境的变化，创新教学模式和教学方法，使授课在保持理论水平的同时更加生动有趣，让学生真正接受教学内容。

高校思政课教师视野要广，有知识视野、国际视野、历史视野，通过生动、深入、具体的纵横比较，把一些道理讲明白、讲清楚。高校思政课教师要用最广阔的视野尽可能多地吸纳人类创造的一切优秀文明成果，努力多出能有效服务于伟大时代和人民的研究成果，以深厚的学识修养赢得学生发自内心的尊重和佩服。

教师要与时俱进，紧跟时代的步伐，不断更新观念，要善于从多角度分析问题研究问题、细心洞察大学生的思想困惑和需求，结合大学

---

①《习近平主持召开学校思想政治理论课教师座谈会》，新华社2019年3月18日。

生的实际有针对性地讲解马克思主义理论,通过清楚明白的阐释赢得学生自觉自愿的价值认同和观念依从,学生自然而然地会将伟大的理论用于指导自己的学习和生活。

学校各部门要积极协调与配合教师的思想政治教育工作,在资源、人力、组织、制度、时间、经费等方面给予充分支持,为促进思政课教师思想政治教育管理工作提供良好保障;进一步完善高校教师工作守则与工作规章制度,并强化对教师工作的监督和评估;探索建立思政课教师谈心交流制度,定期对教师的思想动态进行调研,制定切实可行的方案,及时了解和解决教师存在的思想问题;适当根据学校与分学院实际情况,有针对性地持续地对思政课教师进行培训,形成校内校外相结合、理论实践相互动的轮训制度;要在广大思政课教师中大力进行社会主义核心价值观普及教育,引导他们树立崇高的职业理想;要选树典型,以优秀教师和教师党员为旗帜,形成榜样示范效应,带动其他思政课教师进步;要搞好后勤保障,着力解决思政课教师们最关心最直接的生活利益问题,尽可能地解除他们的后顾之忧,这样有利于调动他们的积极性,使之能更好地投身到教学科研当中去,为学生的成长进步尽心尽力贡献力量。

为更好地传播马克思主义理论,宣传党的路线、方针、政策,使社会主义意识形态和精神文明成果的普及更具现实性,思政课教师一定要紧跟时代步伐,自觉加强自身理论学习,不断提升自身的思想政治素质。要认真学习研究马列主义、毛泽东思想,掌握好中国特色社会主义理论体系的内涵精髓,当前特别是要用习近平新时代中国特色社会主义思想武装头脑,进一步增强"四个意识",坚定"四个自信",做到"两个维护";其次是要树立正确的世界观、人生观与价值观,自觉地抵制腐朽落后思想的侵蚀,对于不正当的错误言论要敢于划清界限、敢于理智斗争;再者是要主动积极参加实践,如可参与到学校组织的课题调研、团体竞赛、参观考察等实践活动中来，还可走出学校、深入基层，进一步了解国情、社情、民情，不断增强理论联系实际的能力，这样思政课教师们才能客观正确全面地认识自身责任，提升自身的思想政治素质，更好地担负起大学生健康成长的指导者和引路人的重任。

（四）提升业务素养

高校思政理论课教师要不断提高专业素养，才能充分展示这门特殊课程的理论价值和实践意义。思政理论课教师要有人格魅力，更要有学识魅力，才能吸引学生接受自己的教学。思政理论课教师在自己一生的职业生涯中要刻苦钻研，不断提高专业素养。要学习、研究、传播马克思主义理论，要以身作则，从严要求自己，特别要注意自己的公共形象，严格遵守公共生活的规则，做学生的榜样，成为学生可亲可敬的模范。思政理论课教师要用自己的言行悉心教导大学生慎独，引导大学生发自内心地自觉自愿遵守公共道德规范，而不只是依靠外部强力监管。社会生活中每个个体严守公共道德的善行不断积淀，将会形成日益强大的良性影响，全社会将会逐渐形成更加美好崇高的道德风貌。

思想政治理论课的特殊性及其承担的历史使命要求政治素质是思政课教师必备的首要素质，也是核心素质。把政治素质作为遴选思政课教师的首要标准和底线要求，建立思政课教师全覆盖的政治理论学习长效机制为其提供了制度保障。马克思主义理论教育教学和研究阐释能力是思政课教师的两大业务能力，积极参与马克思主义理论学科研究，夯实思政课教师的马克思主义理论基础；凝练科研方向，以原有学科特长为基础从事服务于思政课教学的科学研究是非马学科出身的思政课教师努力的方向。积极尝试教学改革创新试点，可以倒逼思政课教师在价值塑造、能力培养和知识传授三位一体教学育人水平上的提升。

思政课教师最基本的业务素养包括教学和科研能力。思政课教师对自己的业务能力最公开的展示是通过教学活动，教学能力包括理论水平、教学方式、教学语言等。思政课教师除了掌握专业理论知识以外，还要积极关注全媒体时代媒体深度融合的特色，要充分利用开发现代传播技术优化自己的教育教学手段，根据教学实际需要有序采取两微一端、在线课程、慕课、线上线下相结合等形式，要把这些新媒体技术熟练纳入教学手段，科学提高教学效率，加强生动性和现场感，使教育教学更加活跃，更加吻合大学生青春活泼的特点。思政课教师要成为有理论内涵、能熟练使用现代化传播手段、懂学生心理的多面手。思政课教学语言要坚持教学内容为王的前提下，增强话语的传播力、渗透力、感染力，充分表达理论的力量，积极展示主流话语的内在价值，以凝练、优美、高雅、生动、新潮的语言风格吸引学生的注意力，正确、主动、有效地引导学生。

高校思政课教师在课堂授课时特别要讲出理论水平，对于大学生来说，思政课不再是小学中学阶段的政治课，而是要更加突出理论性。因此，思政课教学的大学阶段重在增强使命担当，引导学生矢志不渝听党话跟党走，争做社会主义合格建设者和可靠接班人。这对高校思政课教师的业务能力提出了更高的要求，大学生比中小学生更成熟，更加有主见，也更容易受到外界干扰，又即将走入社会，这就要求高校思政课教师要展示更加强大的教育力量感召学生。

精彩的讲授来源于深厚的功底，高校思政课教师除了练就扎实的教学基本功外，还要积累深厚的科研功底，要以科研促进教学，把最新的科研成果用于教学，提升教学的理论深度和说服力。习近平总书记强调："传道者自己首先要明道、信道。高校教师要坚持教育者先受教育，努力成为先进思想文化的传播者、党执政的坚定支持者，更好担起学生健康成长指导者和引路人的责任。”[1]

高校思政课教师要坚持不懈地刻苦研读马克思主义原著，透彻领悟原理，强化理论素养，要以培育一大批优秀马克思主义理论教育家为目标。现任的高校思政课教师大多数具有博士学位，经过专业理论训练，然而通读且熟练掌握马克思主义理论原著的还不够普遍，全媒体时代的高校思政课教师必须下苦功夫研读原著，掌握理论精髓，才能真正提高理论水平，多出科研成果，服务于教学，才能更有效地帮助学生尽快成才。

教学与科研互相促进，通过日常教学活动，深入了解学生的实际，抓住现实问题，有针对性地开展研究，以很强的问题意识为基础的研究成果可以更好地服务于教学。高校思政课教师的科研应该是紧密联系实际，有很强的现实性，要能为培养新世纪优秀人才提供理论支持。高校思政课教师的教学应该是要展现马克思主义理论魅力的，要对学生做好引领和指导，而不能一味只追求讨学生喜欢。

四、积极开展实践

马克思主义的科学性源于其实践性。要深入实际、不断探索创新。思政课教师要提高思想政治理论素质，必须深入实践，在教育教学中不断了解社会发展的情况和学生思想变化实际情况。

新媒体时代，文化的多元化、国际化、信息的网络化，一方面让大学生可以了解来自世界的各种各样的思想、意识；另一方面世界及我国社会各方面的迅速变化发展会使一些大学生对诸多社会现象、社会

① 习近平：《把思想政治工作贯穿教育教学全过程》，新华社2016年12月8日。

热点产生不解和疑惑，对这些问题大学生急切渴望通过思政课教师得到解答。教师如果不能及时了解这些变化，只会照本宣科、纸上谈兵，就不能解答学生存在的实际问题。

所以，高校思政课教师要提高思想政治素质必须自觉深入社会实际，认真研究社会热点、理论难点，注重研究青年大学生的各种社会思潮等问题，将理论教学和实践教学紧密衔接起来，及时科学地分析和解答大学生的疑惑，坚定大学生的马克思主义信仰和对中国特色社会主义的道路自信、理论自信、制度自信、文化自信。真正做到习近平总书记所要求的教书和育人相统一、言传和身教相统一、潜心问道和关注社会相统一、学术自由和学术规范相统一。

思政课教师提高政治素养，目的是承担起培育合格接班人的历史使命。教学是一个双向交流的过程，学生不仅要从教师身上学立场、学知识，教师也要从学生反馈的信息中不断总结了解学生想听什么理论？教师应该给学生什么理论？因此，思政课教师在教学中必须注意更新教学理念，不断探索创新教学方式、模式。用大学生喜闻乐见的方式，采用网络、新媒体教学平台等手段和资源，用科学理论给大学生及时解疑释惑，加强大学生对马克思主义理论、中国特色社会主义理论与实践的科学认识。

当然，高校思政课教师思想政治素质问题的提高不仅是教师的问题，要全面不间断地加强思政课教师思想政治素质，也需要高校和社会的共同努力。要有针对性地从教师的理想信念、价值观、精神品质、职业道德、个人发展五个方面提升思想政治素质。高校要加强马克思主义理论学科体系建设，为思政课教师队伍整体的理论水平和科研能力的提升提供好的研究学术环境。社会、政府要为高校提供更多可供教师实践的条件和场所，促进高校思政课课教师理论和实践的结合，进而不断推动高校思政课教师思想政治素质提升。

要深入推动习近平新时代中国特色社会主义思想进课堂，将有效提高教师的教学水平和学生的综合素质，并能促进思政课教学内容和形式的创新，增强思政课的吸引力、渗透力、影响力。思政课教学内容与校园网、电视台等校园媒体形成资源共享，将思政课实践环节与校园文化活动相结合等方式，使得课堂教学真正成为传播习近平新时代中国特色社会主义思想的主要渠道。

要与实践联系更紧密，使教学内容具有更强的针对性、特殊性、现实性、时代性。要改善思政课教师的教学方法，使之更鲜活、更丰富多彩、更加入耳入心，有效地提升教学效果。教学中不能完全采取传统的你讲我听的填鸭式教学，本课程的教学可以多尝试用人文的方法，在教学中彰显人文的美感。在教学中，不一定时刻守在教室，可以带领学生走进大千世界，在公共生活的道德实践中增强教学效果；在教室里，除了教师授课以外，还可以引导学生多开展辩论赛、演讲比赛，引导学生按专业背景自我设计相关的活动项目，等等，让教学活动形式多样、趣味横生，培养塑造大学生的积极人格和美好品性。

习近平新时代中国特色社会主义思想是马克思主义中国化的最新成果，习近平新时代中国特色社会主义思想“三进”有助于师生自觉自愿践行养成社会主义核心价值观。马克思主义理论课的教学要不断加强，思政理论课教学要注重大学生思想品德的培养，通过教学活动和学生活动对学生进行综合素质的训练；广泛地利用社会优秀资源，从思想政治素养、道德教育、专业能力、人文素养、知识结构、教育模式、创新意识等诸多方面提高其综合素质，极大地提升思政课的影响，给学生更多的帮助，能更加有效地促进大学生全面发展、有效地促进提升人才质量、有效地促进大学生为未来的现代社会作出更大的贡献。通过培养一代又一代具有一定文化素养的大学生群体，提升整个社会的文化水平，以提高全社会的文明程度。

高校思政教师肩负着传播马克思主义信仰，承载着培养合格人才的使命，借助“两学一做”学习教育活动平台，高校思政教师深入学习党章党规，学习系列重要讲话，参照标准，努力成为讲政治有信念、讲规矩有纪律、讲道德有品行、讲奉献有作为的“四讲四有”合格教师，为高校思政课教学的良好推进夯实基础。

马克思主义坚持理论和实践的辩证统一。一方面，人的正确思想来源于实践；另一方面，实践在决定认识的同时也受到其巨大的、能动的反作用，正确的思想理论能够指导实践。

在思政课教师素质建设中，坚持以理论与实践相结合的路径提升思政课教师素质，是对马克思主义基本原理的具体应用。一方面，思政课教师从事马克思主义理论教学与科研工作，较高的理论水平是其应具备的最基本的专业素养；另一方面，思政课教师唯有投身于社会实践，才能准确把握国情、世情，正确运用马克思主义基本原理和方法分析、解决实际问题，在理论和实践的结合中成长。

1980年，教育部、团中央《关于加强高等学校学生思想政治工作的意见》倡导业务课教师也要做思想政治工作，并在之后的文件中将“要有一定的实际工作锻炼”列入对马列主义课教师的要求中。

20世纪90年代，思政课教师的社会实践大规模开展，增进教师对坚持中国共产党的领导、走中国特色社会主义发展道路的认同。

自2009年起，中宣部、教育部牵头组织思政课骨干名师在暑期赴国内多地参观考察，帮助思政课教师了解最新的社会发展情况、开拓思维和视野。一批思政课教师社会实践研修基地也在全国各地建立。各高校也组织思政课教师开展调查研究和观光学习，高校思政课教师实践活动走向制度化，课程教学的亲和力、针对性大大增强。事实证明，坚持理论与实践的紧密结合，是促进思政课教师素养从根本上得到提升的有效路径，需要在未来继续传承和发扬。

坚持遵循人的发展规律,规律是事物及其发展过程中所固有的本质的、必然的、稳定的客观联系。人们只有在承认、理解、掌握规律的前提下,才能正确地发挥人类特有的自觉能动性,不断地改造客观世界,从必然王国迈向自由王国。强化思政课教师素质建设,同样必须遵循个人的成长和发展规律。诚然,一个人的素质有先天遗传的成分,但更重要的是后天养成的。人在社会实践中受到外部环境特别是有计划的教育的影响,其内在思想在矛盾中运动,推动自我发展,由此可知,我国的思政课教师素质建设,除了为思政课教师创设理论学科平台、教育培训机制和社会实践活动等外部条件外,更重要的还是激发教师自觉进步的内驱力,实现素质提高自外生型到内生型的转换。

改革开放以来,在党和国家的领导下,建立起涵盖中央、地方和高校三级的立体化培养培训体系,促进思政课教师进一步提高思想认识、修炼理论内功,坚定对马克思主义的热爱与信仰;提高思政课教师在校园和社会的地位,增加课程建设的经费投入,不断改善教师的工作环境提高,保障其物质利益福利待遇;评选并表彰思政课教师中的模范,加大激励力度,大力宣传教师队伍建设的先进经验,激发思政课教师的自豪感和荣誉感;建立思政课教师交流研修机制,倡导互帮互助,实现集体自我教育。这些措施符合人的发展规律,有效培植思政课教师成长和发展的内驱力,取得了良好的效果。

创新必须适应时代要求。习近平总书记指出:“马克思主义是不断发展的开放的理论,始终站在时代前沿。”[①]自新民主主义革命起,马克思主义在中国开启了本土化进程,这一进程与我国时代发展和社会

① 习近平:《在纪念马克思诞辰200周年大会上的讲话》,人民出版社2018年版,第7—10页。

变革紧密联系、同向推进,在改革开放后更是大大加快。这意味着思政课教师必须以创新发展的马克思主义为指导,跟得上时代前行的脚步,更新教学内容和方式,贯彻马克思主义的新理论成果和思维方法,才能把马克思主义讲清说透,为学生所接受。

承担思政课教学任务的教师只有具备与其职业相符的基本素质,提升高校思想政治理论课的教学质量才能有保障地实现目标。究竟思政课不仅关涉我国大学的办学方向,也关系当代大学生的。新时代,广大思政课教师队伍必须要用豪迈的气概和振奋的精神武装自己,让既要有润物无声的效果,也要有惊涛拍浪的声势,真正上到学生心坎里高校是党的意识形态工作的重要组成部分,是培养能够担当民族复兴大任时代新人的重要场所。

在高校教师队伍中,思想政治理论课教师所占的比重虽然不大,却是党的理论、路线、方针、政策最直接的传播者,是大学生思想意识形态工作最主要的引领人。思政课教师政治素质如何,对大学生会产生直接的影响。肩负着塑造灵魂、塑造生命的时代重任。中国特色社会主义进入新时代,党的意识形态工作面临新的问题和任务。高校是党的意识形态工作的重要组成部分,关系着培养什么样的人、如何培养人及为谁培养人这些根本问题。高校思政课教师是大学生意识形态工作的直接引路人,要办好思想政治理论课,必须加强高校思政课教师政治素质工作。

具有追求新意、思维活跃、性格多变、个性化差异大等多种特征的当代大学生,为实现将大学生培养成国家和社会需要的可靠的建设者和接班人的教育教学目标,高校教师首先要做到言传身教:如果自己都无法做到内心深处相信,就无法让学生真正接受和认同;如果自身都无法践行,就无法让学生严格践行。因此,只有具有高度的政治规矩意识和内化于心地坚守政治规矩,才能有外化于行的践行和执行。

高校教师在开展教育教学工作过程中必须牢牢坚守政治规矩，确保自身发展方向不会出现偏离，以言传身教影响学生的思想和行为。我们做马克思主义理论教师的大部分都是共产党员，树立马克思主义信仰理所当然，这也是我们为完成人才培养、科学研究、社会服务、文化传承创新、国际交流合作重要职责努力奋斗之纲、治党之需、强党之要。

新时代会出现更多新问题、新现象，必须更加重视完善党的政治建设。政治方向是党生存发展第一位的问题，高校思政课教师要自觉在思想上政治上行动上同党中央保持高度一致，要敢于亮剑，一旦发现违反政治纪律、危害政治安全的行为，必须坚决抵制。要做勇于斗争的“战士”，不做爱惜羽毛的“绅士”，严防对挑战政治底线的错误言论和不良风气听之任之、逃避责任、失职失察。同时，要着力增强党内政治生活的时代性，这是严肃党内政治生活的时代要求。要充分发挥现代科技的重要作用。高校思想政治理论课教师首先要树立坚定的政治信仰，形成过硬的政治素质，谨记自己立德树人的历史使命，才能积极推动习近平新时代中国特色社会主义思想进教材、进课堂、进头脑，融入思想政治理论课全过程。

自2019年学校思想政治理论课教师座谈会召开以来，党和国家推出一系列加强思政课教师素质建设的政策和方针，尽可能为思政课教师的成长和发展提供适宜的环境，思政课教师的数量和质量也均有明显提高。然而，相较于为思政课教师素质提高创设外在条件、设置更高要求，如何增加思政课教师对所从事工作的认同和责任感，使其以讲授马克思主义为毕生之荣耀，激发思政课教师潜在的积极性、主动性、创造性，是更为根本的问题。要充分释放思政课教师全面发展的内在驱动力，在具体实践中还需采取进一步的措施。

首先，建立思政课教师自我学习机制。思政课的教学内容具有强动态性与跨学科性，要求任教教师自身坚持不懈地通过阅读书籍、关注时事、投身社会实践等多种渠道点滴积累理论学养,为此应制定强化和改进教师工作学习的方案。各高校的马克思主义学院应在本院教师实际能力水平的基础上制定能够严格执行的学习规划,明确时间与内容安排,积极邀请校内外哲学社会科学名家进行指导和交流,增加教师在岗位上的收获,并对教师的学习状况进行定期考核,激励教师不断钻研思考。

其次,创造互学互鉴的组织文化。美国著名教育心理学家杰罗姆·布鲁纳提出了"互惠内驱力"的概念,意即与他人的和睦交往、互惠互利是个人不断学习、提高自身能力的基本动机。对于各高校思政课教师群体来说,和谐、友爱的工作环境是教师成长力量的一大来源,在相当程度上决定了其素质的高度。高校应当重视集体对成员发展的作用,打造优秀的团队文化,如安排本校思政课教师开展心得交流讨论会、教学科研评比大赛等活动,鼓励教学经验丰富、科研成果突出的优秀教师带头组织集体学习和课程调研,向其他教师传授先进经验,在良性的互动与合作中让每一位思政课教师感受到来自集体的关怀。

另外,加强物质保障。1977年,邓小平同志主管教育科技事务时就要求:对知识分子除了精神上的鼓励,还要采取其他一些鼓励措施,包括改善他们的物质待遇。这对今日思政课教师素质建设仍具有现实意义。要继续完善思政课教师队伍建设的经费管理制度,将思政课教师管理、科研、教学、福利待遇等所需资金纳入高校财政预算中,必要时可设立专项津贴资助,尽可能满足思政课教师的正常物质需求,让他们在减轻生活负担的同时能够专注于事业。

总之,只有充分认识到高校思政课教师不可替代的关键作用,充分调动他们的干劲和主观能动性,才能在其素质建设中发挥事半功倍的效果。

政治素质是高校思政课教师的核心素质,对实现育人目标实现民族复兴至关重要。思政课教师直接接触大学生，对学生的作用相当深远，教师的政治素质，对大学生会产生最深刻的影响。

高校思政课教师政治素质关系到马克思主义传播的实效性。思政课是对青年学生传播马克思主义的主要阵地。思政课教师必须坚持正确的政治方向，才能主动给学生灌输马克思主义中国化的最新成果，有效传播社会主义核心价值观，提升学生政治素养。

伟大的新时代呼唤更多优秀的人才，高校思政课教师责任重大，只有刻苦钻研、从各方面不断提升自己的综合素质，让自己成为适应智媒体传播格局的多面手，才能如鱼得水做好神圣的思想政治理论课教育教学工作，才能不负伟大的历史使命，才能实现自己的职业追求和人生价值，才能为中国特色社会主义实践作出更多贡献。

参考文献

一、图书

[1]《马克思恩格斯文集》(1—10卷),人民出版社 2009年版。

[2]《毛泽东选集》第1卷,人民出版社 1991年版。

[3]《毛泽东选集》第2卷,人民出版社 1991年版。

[4]《毛泽东选集》第3卷,人民出版社 1991年版。

[5]《毛泽东选集》第4卷,人民出版社 1991年版。

[6]《毛泽东选集》第5卷,人民出版社 1977年版。

[7]《毛泽东选集》第7卷,人民出版社 1999年版。

[8]《毛泽东选集》第8卷,人民出版社 1999年版。

[9]《毛泽东军事文集》第1卷,中央文献出版社 1993年版。

[10]《毛泽东周恩来刘少奇邓小平论教育》,人民教育出版社 1994年版。

[11]《邓小平文选》第1卷,人民出版社 1994年版。

[12]《邓小平文选》第2卷,人民出版社 1994年版。

[13]《邓小平文选》第3卷，人民出版社1993年版。
[14]《江泽民文选》第1卷，人民出版社2006年版。
[15]《江泽民文选》第2卷，人民出版社2006年版。
[16]《江泽民文选》第3卷，人民出版社2006年版。
[17]《胡锦涛文选》第3卷，人民出版社2016年版。
[18]《习近平谈治国理政》第1卷，外文出版社2014年版。
[19]《习近平谈治国理政》第2卷，外文出版社2017年版。
[20]《习近平谈治国理政》第3卷，外文出版社2020年版。
[21]《习近平谈治国理政》第4卷，外文出版社2022年版。
[22] 中共中央文献研究室编：《毛泽东邓小平江泽民论世界观人生观价值观》，人民出版社1997年版。
[23]《建国以来重要文献选编》第1册，中央文献出版社1992年版。
[24] 中华人民共和国教育部、中央文献研究室：《毛泽东邓小平江泽民论教育》，中央文献出版社、人民教育出版社、北京师范大学出版社2002年版。
[25] 中共中央文献研究室编：《毛泽东著作专题摘编》，中央文献出版社2003年版。
[26] 中央文献研究室编：《建国以来重要文献选编》第11册，中央文献出版社1995年版。
[27] 中央文献研究室编：《建国以来重要文献选编》第19册，中央文献出版社2011年版。
[28] 中央文献研究室编：《十八大以来重要文献选编》(上)，中央文献出版社2014年版。
[29] 中共中央宣传部编：《习近平总书记系列重要讲话读本》，学习出版社、人民出版社2016年版。
[30] 中共中央宣传部编：《习近平新时代中国特色社会主义思想

三十讲》,学习出版社 2018 年版。
[31] 中共中央宣传部编:《习近平新时代中国特色社会主义思想学习纲要》,学习出版社、人民出版社出版 2019 年版。
[32]《关于深化新时代学校思想政治理论课改革创新的若干意见》,人民出版社 2019 年版。
[33] 中国人民政治协商会议陕西省委员会文史资料研究委员会:《陕西文史资料》第 10 辑,陕西人民出版社 1981 年版。
[34]《中国教育年鉴(1949—1981)》,中国大百科全书出版社 1982 年版。
[35] 曲士培:《抗日战争时期解放区高等教育》,北京大学出版社 1985 年版。
[36] 洪学智,薛暮桥主编:《华中抗日革命熔炉》,华夏出版社 1987 年版。
[37] 陈登才:《毛泽东的领导艺术》,军事科学出版社 1989 年版。
[38] 张健:《毛泽东的教育实践》,北京教育出版社 1993 年版。
[39] 王培元:《抗战时期的延安鲁艺》,广西师范大学出版社 1999 年版。
[40] 潘洪声等:《毛泽东幽默趣谈》,山东人民出版社 2000 年版。
[41] 陈登才:《中国共产党思想政治工作史》,湖南人民出版社 2001 年版。
[42] 王培元:《延安鲁艺风云录》,广西师范大学出版社 2004 年版。
[43] 曲士培:《中国大学教育发展史》,北京大学出版社 2006 年版。
[44] 陈先达、杨耕:《马克思主义哲学原理》第 5 版,中国人民大学出版社 2019 年版。
[45] 吴黎平整理:《毛泽东一九三六年同斯诺的谈话》,人民出版

社 1979 年版。
[46] 彭颜红:《大众传媒道德失范治理研究》,人民出版社 2018 年版。
[47] 钟雪风主编:《师德修养》,远方出版社 2006 年版。

二、期刊

[1] 习近平:《坚定文化自信,建设社会主义文化强国》,《求是》2019 年第 12 期。
[2] 习近平:《思政课是落实立德树人根本任务的关键课程》,《求是》2020 年第 17 期。
[3] 习近平:《把中国文明历史研究引向深入 增强历史自觉坚定文化自信》,《求是》2022 年第 14 期。
[4] 张丹:《高校教师师德建设的理路厘析》,《思想政治教育研究》2009 年第 2 期。
[5] 徐维凡:《关于加强高校思想政治理论课教师队伍建设的思考》,《思想理论教育》2009 年第 1 期。
[6] 魏瑞花:《高校思政课教学应渗透"三生教育"》,《改革与开放》2011 年第 12 期。
[7] 秦莉萍:《增强大学生在高校思想政治理论课教育中的主体地位》,《河南广播电视大学学报》2011 年第 3 期。
[8] 陈正群:《高校思政理论课教学:从灌输到对话》,《中国高等教育》2011 年第 18 期。
[9] 和学新、王文娟:《师德修养是师德成长的本质追求》,《思想理论教育》2011 年第 6 期。
[10] 吴云才:《毛泽东关于青年思想政治教育的理论与实践》,《湖南社会科学》2012 年第 2 期。

[11] 谭秀森:《论高校立德树人根本任务的实现机制》,《思想教育研究》2013年第11期。

[12] 方晓珍:《高校"立德树人"的理论指导与实践路径》,《思想政治教育研究》2013年第6期。

[13] 赵培举:《加强师德师风建设培养高素质教师队伍》,《中国高等教育》2013年Z2期。

[14] 李琰、易连云:《从"道德榜样"到"道德能动者"——教师道德形象的当代变迁》,《教育发展研究》2014年第10期。

[15] 刘宇:《当前我国教师师德建设问题及对策》,《现代教育科学》2014年第12期。

[16] 唐斌:《以制度均衡利益:社会转型期高校教师师德重建的根本路向》,《当代教育科学》2015年第17期。

[17] 钟芳芳、朱小蔓:《论当代教师道德生活的困境与自主成长:基于情感自觉的视角》,《教师教育研究》2016年第6期。

[18] 康秀云、郗厚军:《国外高校师德建设的实践特质、内在逻辑及经验借鉴》,《东北师大学报(哲学社会科学版)》2016年第6期。

[19] 赵浚:《新形势下高校师德建设的长效机制探析》,《思想教育研究》2015年12期。

[20] 陈宝生:《做好教育战线意识形态工作》,《紫光阁》2016年第12期。

[21] 孔德生:《高校思政课教师队伍综合素养论要》,《长春师范大学学报》2016年第7期。

[22] 雷华:《高校师德建设的现实困境与法治路径》,《南通大学学报(社会科学版)》2016年第5期。

[23] 葛彦东:《切实增强高校思政课教师的看齐意识》,《红旗文稿》2016年第22期。

[24] 张宝予、韩丽颖:《论我国高校师德建设路径整合》,《思想理论教育》2017年第4期。

[25] 聂阳、庞立生:《高校师德建设的三重关系及其内在张力》,《思想理论教育》2017年第4期。

[26] 徐士元、陈帅:《高校师德他律机制研究》,《思想教育研究》2017年第4期。

[27] 卫平、徐嘉敏:《高校思政课教师职业道德评价机制论析》,《学校党建与思想教育》2018年第10期。

[28] 邸燕茹:《新时代高校师德建设研究》,《思想理论教育导刊》2018年第4期。

[29] 方明军:《改革开放40年中国高校教师发展政策回顾与反思》,《湖南科技大学学报(社会科学版)》2018年第5期。

[30] 张建红:《新形势下高校师德建设长效机制探析》,《思想理论教育导刊》2018年第4期。

[31] 秦苗苗、曲建武:《改革开放以来高校师德建设研究发展述评》,《思想教育研究》2018年第5期。

[32] 李晓华、袁晓萍:《高校立德树人的时代内涵和实践路径》,《高等教育研究》2018年第3期。

[33] 张宇晗:《加强师德师风建设,培养高素质教师队伍》,《大学教育》2018年第5期。

[34] 彭颜红:《做好思想政治工作必须重视传媒素养教育》,《中国高等教育》2020年第1期。

[35] 傅维利、张东娇:《论教师职业道德形成与发展的基本规律》,《教育科学》1999年第4期。

[36] 李政涛:《身体的“教育学意味”——兼论教育学研究的身体转向》,《教育理论与实践》2006年第21期。

[37] 陈占安:《我见证了马克思主义理论学科的发展——兼论强

化新时代高校思想政治理论课的学科支撑》,《思想理论教育导刊》2020年第10期。

[38] 刘书林:《高质量思政课建设的四个突出问题》,《马克思主义与现实》2021年第3期。

[39] 吴潜涛:《价值观多样化态势与坚持社会主义集体主义价值导向》,《道德与文明》1999年第4期。

[40] 何祥林、程功群、任友洲、袁本芳:《高校师德建设的现状、问题及对策——基于湖北省H高校的调查》,《高等教育研究》2014年第11期。

三、报纸

[1]《习近平在全国宣传思想工作会议上强调 胸怀大局把握大势着眼大事 努力把宣传思想工作做得更好》,《人民日报》2013年8月21日。

[2]《习近平在北京师范大学考察时号召全国广大教师 做党和人民满意的好老师》,《人民日报》2014年9月10日。

[3]《习近平在全国高校思想政治工作会议上强调 把思想政治工作贯穿教育教学全过程 开创我国高等教育事业发展新局面》,《人民日报》2016年12月9日。

[4]《习近平:在北京大学师生座谈会上的讲话》,《人民日报》2018年5月3日。

[5] 习近平:《在纪念马克思诞辰200周年大会上的讲话》,《人民日报》2018年5月5日。

[6]《习近平主持召开学校思想政治理论课教师座谈会强调 用新时代中国特色社会主义思想铸魂育人 贯彻党的教育方针落实立德树人根本任务》,《人民日报》2019年3月19日。

[7] 习近平:《高举中国特色社会主义伟大旗帜 为全面建设社会主义现代化国家而团结奋斗——在中国共产党第二十次全国代表大会上的报告(2022年10月16日)》,《人民日报》2022年10月26日。

[8]《中共中央国务院印发〈关于加强和改进新形势下高校思想政治工作的意见〉》,《人民日报》2017年2月28日。

[9]《中共中央国务院关于全面深化新时代教师队伍建设改革的意见》,《人民日报》2018年2月1日。

[10]《第二十三次全国高等学校党的建设工作会议发言摘登》,《中国教育报》2014年12月31日。

[11] 韩晓玲、周启伟、李灿华:《武科大率先成立思政课实践教学基地》,《湖北日报》2007年5月20日。

[12]《努力办好中国特色社会主义高校》,《人民日报》2016年12月9日。

[13] 朱景林:《从“三个统一”着力 大力加强师德师风建设》,《人民日报》2017年2月13日。

[14] 金柯、徐敏:《培育有“魂”有“根”新一代》,《解放日报》2005年1月21日。

[15] 杨晨光:《高质量实施思政理论课新课程方案》,《中国教育报》2006年7月3日。

[16] 唐景莉:《努力建设高素质专业化思政课教师队伍》,《中国教育报》2010年11月17日。

[17] 刘立凯:《增强高校思政理论课教学效果》,《中国教育报》2011年3月21日。

[18]《马克思主义理论研究和建设工程工作会议发言摘编(二)》,《人民日报》2012年6月8日。

[19] 谢强:《新时代高校思政课教师的三重使命》,《广西日报》

2019年5月30日。

[20] 罗旭:《坚守为党育人为国育才》,《光明日报》2021年6月26日。

[21] 田丽、赵婀娜、黄超,等:《大思政课,总书记心中的一件大事》,《人民日报》2022年5月22日。

[22] 许子威、李璇:《融入社会实践课堂大思政有大思路》,《中国青年报》2022年6月21日。

[23] 张春丽:《思政学科:如何抓住新机遇?》,《光明日报》2012年6月20日。

[24] 丰娴静:《党史学习教育赋能思政教学》,《新华日报》2024年1月17日。

[25] 史锐:《党建强基点燃立德树人"红色引擎"》,《新华日报》2024年2月2日。

[26] 雷浩伟、郎欣悦:《党建育人视域下高校思政课教师"六要"素养的提升路径》,《精神文明报》2024年6月6日。

[27] 侯衍社:《做新时代高素质的思政课教师》,《中国教育报》2018年第5期。

后　　记

弹指一挥间，思想政治教育专业已经40多岁，真是感慨万千。30多年前，也就是1994年，我满心欢喜地来到武汉大学政治与行政学院攻读硕士学位，从此开启我新的人生。

先师刘行淼教授对我百般关心，令我感动万分。老师的博学严格带领我走上学术之路，为我今后的深造奠定了坚实的基础。老师的精心呵护让我永远难忘，点点滴滴历历在目，时常涌现于我的脑海，时常让我心中充满阵阵热流，这些多年前温馨的场景，每每想起来，总能给我重新注入无穷的力量。

从武汉大学毕业后，我成为一名职业记者。

二十年前也就是2005年，我又到北京大学攻读博士学位。北京大学的陈占安教授等老师对我无比关心，让我倍感温馨。异地求学的四年相当艰辛，无数次地赶飞机坐火车，无数次地忍受长途跋涉的艰辛，无数次地在茫茫人海中奔波。因飞机晚点，曾在深夜踏着冰雪回到宿舍；因买不到票，曾多次在火车过道熬夜。2009年，我顺利获得博士学位，再回到武汉工作，正式入职成为一名高校思政课教师。我终于从本专业的学生成长为本专业的奋斗者。投身于如此伟大光荣的事业，心中始终惴惴不安，老是在担心自己怎能承受如此重任，特别是接受过众多大师的当面教导，更感觉自己的肤浅。所以，无论在哪里，无论何时，我都以武大和北大老师为榜样，积极进取，坚韧不拔。

走出校门，再入校门，我已经实现了从学生到教师的角色转变。从事这样严肃的工作，我必须对自己要求更严。

我是热情奔放的，平素经常上台高歌，表演独唱、领唱，以至于总是被误认为是艺术特长生特招进北大的，其实我是以英语第一、专业第一、总分第一的绝对优势考进北大的。每一点进步都必须付出努力。

多年来，我刻苦研读，认真思考现实，拿到国家社科等重要项目，人生第一本专著，由人民出版社出版的《大众传媒道德失范治理研究》荣获湖北省第十二届社科奖，这些小进步时刻都在敦促我更加努力。

在工作实践中，我深感高校思政课教师政治素质的重要性，因而一直在构思这一重要选题，经过多年的积淀，终于写成了这本专著，今天也以此书作为对自己从事高校思政课教师职业生涯的一个阶段性总结。

40年来，本专业为我国教育事业做出了巨大贡献，我就是本专业的受益者。无论我在哪里，也无论过去了多久，我都永远忘不了母校母院对我的培养和包容，永远感恩亲爱的老师对我的无私帮助和强大支持！

本书的封面仍然用我第一本专著封面所选的端庄的、美好的红色，这个色彩是我国一位顶级歌唱家亲自帮我选定的。他迷人的歌声有如陈年的老酒时刻滋养着我的心灵，让我文思泉涌，能够坚持完成如此艰辛的学术写作。

感谢湖北省教育厅对本书出版的资助，感谢湖北人民出版社对本书出版付出的辛勤劳动。

由于本人才疏学浅,还请各位多多包涵、多多指点!

谨以本书献给我亲爱的父母亲和所有深爱我的师长亲友!

彭颜红

2025年8月26日